Die zwölfte Elfe

Aphorismen

Gedanken

Splitter

2018

1. Auflage 2018
Andree Amelang
andreeamelang@web.de
Alle Rechte beim Autor.

ISBN 978-3-75285-196-0

Herstellung und Verlag:

BoD- Books on Demand

Norderstedt

Mit jeder Erinnerung
verjüngen wir uns nicht unbeträchtlich.

~

Am deutschen Wesen konnte die Welt nicht genesen
und auch das Trauerspiel von Mr. Trump kann national wie auch global
nur scheitern.

~

Viele Menschen nehmen den Mund zu voll
und das nicht nur mit Häppchen, welche sie am kostenlosem
kalten Buffet schneller zu fassen bekommen als andere.

~

Das Volk schert sich nicht um das amtliche Gerede
betreffs einer sicheren Zukunft und rechnet mit dem Eigenen
lediglich von Jahr zu Jahr.

~

Das Profil bei Facebook ist das einzige, das er hat.

~

Der schonungslos aufrichtig und tiefschürfend Tätige
denkt wesentlich weiter und sperrt jegliche Belanglosigkeiten
von vorn herein aus.

~

So lange es Geld und Menschen gibt,
gilt die Sorge der Menschen primär dem Geld.

~

Besser einer gehört zu den Letzten,
als dass er sich außer der Reihe benähme und alle behaupten,
er sei das Letzte.

~

So gehäuft und lang anhaltend gewisse Leute ihre Sorgen beklagen,
hätten sie eigentlich schon längst auf eine Lösung kommen müssen.

~

Die humanoide Evolution dauern immer noch an,
doch scheint der Mensch jetzt schon fertig zu sein.

~

Die Mutter schenkt dem Kind das Leben,
um ein gehaltvolles, sehr langes Dasein muss sich jeder selbst kümmern.

~

———

Das empfindlichste Leid fügt die Zeit wohl den Frauen zu.

~

Wer sich mit einem Übermaß an Selbstkritik ins Gespräch bringen will,
dessen Rechnung geht nicht auf.

~

Die Tränen der Menschen interpretiert das Publikum
meist gedankenlos als Teil der Schlagzeile.

~

Ein Leben lang bemühe ich mich zu finden und hoffe,
der Welt mehr zu hinterlassen, als eine vollgestopfte, bunte
Artefaktenkammer.

~

Man muss sein Pulver effektiv verschießen,
ohne dass es im Umfeld der anderen lediglich unangenehm knallt.

~

Auch wenn es heute weit mehr Möglichkeiten gibt,
als mit Wasser zu kochen – im Grundsatz haben wir uns nie
davon entfernt.

~

Der Pool an Vokabeln ist eigentlich groß genug,
jeder könnte hineinfassen und aus der Verkettung nach eigener Wahl
ein Buch formen, allein die überwiegende Masse scheut sich.

~

Weder jagt uns die Zeit, noch sollten wir uns treiben lassen.
Das rechte Maß zu finden, heißt kulturvoll menschlich leben.

~

Menschliche Instinkte, Traditionen und Rituale laufen
– in Konfrontation mit den Verlockungen der Konsumgesellschaft –
Gefahr sich im Sande zu verlieren. Alle wissen darum,
schauen hilflos zu oder zucken meinungslos mit den Schultern.

~

Um das Höchstmaß aller Dinge zu erstreben,
müsste man erst mal wissen, was auf der Prioritätenliste ganz oben steht.

~

———

Selbst auf dem Flohmarkt wird man übers Ohr gehauen,
haben die Händler kein klassisches Gewissen im Angebot.

~

Von einer letzten Einsicht, kurz vor dem Tod,
entsteht der Welt kein Zuwachs, doch schließt sich für einen Menschen der
Kreis seiner Ansichten und auch sein Gewissen ist bereit,
ewige Ruhe zu finden.

~

Ein befriedigender Zustand,
der allgemein mit dem Glück gleichgesetzt wird,
regnet nicht einfach so herab – man muss etwas tun
für sein Zustandekommen.

~

Einem geschenkten, zeitgenössischen Gemälde
ohne ersichtliche Aussage schaut man nicht auf die hilflos auf die Leinwand,
sondern hänge es mit der Rückseite nach vorn auf,
damit es aussieht wie jedes Bild von hinten.

~

Der Mensch lebte Jahrtausende lang
glücklich und zufrieden im Rahmen des Gegebenem und soll plötzlich
ohne Computerspiele, Fast Food, Nahrungsergänzungsmittel usw.
nicht mehr existieren können …

~

Du musst es ja nicht Gott nennen, aber suche dir um Gottes willen
ein Medium, an das du vorbehaltlos glauben kannst.

~

Bei völliger Gesundheit und trotz ausgezeichneter körperlicher Verfassung
kämpfen Menschen infolge chronischen Geldmangels
um ihr nacktes Überleben.

~

Goethe erwies sich als vorausschauend
und ließ scheinbar einige Gedanken aus, im festen Glauben,
dass Vertreter nachfolgender Generationen diese notieren.

~

———

Selbst wer scheinbar fair eins zu eins rechnet,
beansprucht automatisch die erste Ziffer für sich.

~

Nicht jeder menschliche Bandit verfügt über zwei gesunde Hände
und nicht alle Spielautomaten sind einarmig.

~

Manchmal fühlt man sich derart hin und hergerissen,
dass jede Erinnerung an die gestern eingenommenen Haltung
scheinbar verloren ging.

~

Nicht nur die Wälder fallen dem Raubbau zum Opfer,
auch mit dem Baum der Erkenntnis wird Schindluder getrieben.

~

Zurückkehren zur Normalität bedeutet
wieder einzutauchen ins tägliche Einerlei.

~

„Im Dutzend billiger",
und die Leute kaufen mit der Absicht, einzulagern,
statt primär verwenden zu können.

~

Manch einer lässt es sich übermäßig schmecken und glaubt tatsächlich,
mit allen Sinnen zu genießen.

~

Unter den Menschenknechtern existieren Diktatoren und Diktatoren:
die einen begehen Verbrechen am eigenen Volk, andere halten mit eiserner
Faust den Schlendrian im Schach.

~

Oben ohne – nichts im Kopf,
unten mit – der Geldbeutel ist prall gefüllt.

~

Man lässt sich zu höchster Erregung hinreißen,
schadet Herz und Kreislauf und kann doch nichts ändern.

~

Wenn nicht einmal du dir zu helfen vermagst,
dann kann es niemand.

~

Statt andere überholen zu wollen, sollte man seine Nischenkenntnisse
vertiefen und viel besser in Szene setzen.

~

Steter Tropfen höhlt die Leber.

~

Wer nichts fachlich anzugeben weiß, versteht stets meisterhaft unsachlich
rein- oder sich unpassend rauszureden.

~

In Wahrheit eignet man sich beim Pauken lediglich Fakten an,
zu Wissen kommt man ausschließlich durch Verbindung
von Daten und Praxis.

~

Zur Meinungsfreiheit gehört nicht jene Geisteshaltung,
die einem zugestanden wird, um jegliches von sich zu schieben.

~

Vielleicht brachten die Alien schon vor längerer Zeit endlich hinter sich,
was wir heute noch praktizieren, und verzichten aus diesem Grunde
auf jeglichen Kontakt.

~

Man kann und sollte die Welt im positiven Lichte sehen;
und manch einer denkt, dies sei nur eine eventuelle Variante.

~

Mit sich selbst ist man ohne viele Umstände zufrieden,
legt aber bei der Wahl von Freunden hohe Maßstäbe an.

~

Wer sich von all seinen bisherigen Illusionen befreite,
ersetzte sie rechtzeitig durch neue und verabschiedete sich meist
vorher schon von den Anforderungen des ernsten Lebens.

~

Jeder selbst ernannte Beschützer darf als Blender gelten!

~

Weit eingetaucht ins erste Drittel des 21. Jahrhunderts,
versteht es der Mensch immer noch nicht, Frieden zu schaffen
ohne Waffen.

~

Natürlich lüftet sich gelegentlich der Schleier
um den einen oder anderen Selbstbetrug, jedoch nur selten
im Rahmen einer wie auch immer gearteten oder als solche zu
bezeichnenden, endlich nutzbringenden Inventur.

~

Vögel brauchen kein Red Bull.

~

Der Nachläufer kann sich keinesfalls in Sicherheit wiegen – ihm droht
Gefahr von hinten.

~

Früher, als alles besser war, konnte sich der Friseur auf meinem Kopf noch
nach Herzenslust austoben.

~

Kein einziger Gutgläubiger weiß auch nur um eine der Gefahren,
welche theoretisch aus den Nichts auftauchen könnten,
geschweige denn, er ist Herr über tragfähige Gegenkonzepte.

~

Freilich wollen die Leute die Wahrheit wissen.
Würden sie sich jedoch in einer Welt ohne Lüge und Manipulation
zurechtfinden oder gar wohlfühlen?

~

Nur weil der Mensch eine funktionierende Technik erschafft,
heißt das ja nicht, dass alle von ihm aufgestellten Lehrsätze
fehlerfrei sein müssen.

~

Man befreit sich aus einer fragwürdigen Alltagssituation
und begibt sich sofort in die Arme der nächsten.

~

Es heißt zwar Einbildung, doch sind sehr viele Leute davon betroffen.

~

Vielfach wird als wesentlicher angesehen,
dass man die geographischen Grenzen touristisch überwindet,
als dass die Sorge der Verschiebung eigener geistiger Grenzen gilt.

~

Einige Menschen hegen gewisse Vermutungen, man könnte auch sagen,
es sähe fast so aus, als hätten sie Ahnung.

~

Nicht immer lösen die Menschen ihre Probleme.
Manche füllen mit deren Beschreibung ein dickes Buch,
verdienen Geld damit und scharen ebenso hilflose Fans um sich.

~

Kindererziehung: geschieht oft ebenso wie die Ermittlung
der Lottozahlen, nämlich ohne Gewähr.

~

Den Bus verlasse ich ruhigen Gewissens,
der Ausstieg aus der Gesellschaft fiele mir bedeutend schwer.

~

Besonders die Leute, welche permanent wegschauen,
sehen die Dinge anders.

~

Mit Zahn- und Wissenslücken gleichermaßen
sollte man nicht leben wollen.

~

Leider werden eigene Probleme des Öfteren zu Tugenden erklärt
und die Betroffenen vermögen gut damit zu leben.

~

Der Künstler vermag nicht von Null auf sofort
eine Botschaft an das Publikum zu bringen, sondern versucht lediglich,
den Nerv der Leute zu treffen.

~

Die Frauen wollen stets mit dem Kopf durch die Wand
und wundern sich über anschließende Migräne.

~

Praktisch alle Lebensbereiche dürfen als aphoristisch erschlossen gelten.
Die Füllung der weißen Flecken in den Mikrokosmen dazwischen
wird hingegen bis ans Ende aller Menschentage andauern.

~

Es muss nichts heißen, wenn jemand über beide Ohren verliebt ist!
Wie schnell haben viele von ihrer neuen Beziehung die Nase voll …

~

Der Mensch zeigt sich neugierig und empfänglich für Daten
und nimmt sie doch nur wahr – der Wissbegierde sollten wir diese
Vorgehensweise nicht anrechnen.

~

Manchmal steckt man über beide Ohren drin,
also eindeutig tiefer als Oberkante Unterlippe.

~

Einen Gott, vor dem ich täglich niederknien muss, brauche ich nicht,
sondern ein Medium, von dem ich beständig lernen kann.

~

Hochgradig verstrickt in alleinige Konsumtion,
glaubt sich der moderne Mensch glücklich.

~

Einer denkfaulen Hydra
kann man den Kopf abschlagen,
ein ebenso unnützer wächst ihr sofort wieder nach.

~

Auch wenn sie auf die Mehrzahl unserer Erkenntnisse
sicher nicht mehr zurückgreifen, so existieren doch in 1000 Jahren
mit Sicherheit noch Menschen, welche um eine Summe
unserer heutigen Aktivitäten wissen.

~

Hin zum großen Glück strebt jeder,
und nicht alle achten peinlichst darauf, vom Pech anderer
keinesfalls zu profitieren.

~

Natur (die): das ist für einige Technologiegläubige nur der Raum
da draußen, wo Pflanzen wachsen, um irgendwann geerntet zu werden
und sich Fische im Wasser umhertreiben zum Zwecke,
letztendlich auf unseren Tellern zu landen.

~

Alle Evolution fußt auf dem Vorhaben,
einen Hunger zu stillen bzw. sich mit Abwehrmechanismen
gegen den eigenen Verzehr zu wappnen.

~

Noch immer beherrscht tiefer Aberglaube den Menschen,
vor allem die Überzeugung, mit Geld könne man alles richten.

~

Wo, bitte schön, sind die Berge,
die durch bloßen Glauben versetzt wurden? Ich sehe lediglich
die an ihrem Standort verharrenden.

~

Man bezeichnet als „Glück haben" ein Profitieren davon,
dass eine persönliche Rechnung aufging.

~

Oft steckt nichts anderes als Desinteresse
hinter der breit gefächerten Meinungslosigkeit.

~

Nachdem sich Gott etwas Zeit nahm und selbige schuf,
war der Grundstein gelegt zur Erschaffung des Universums.

~

Im Leben vieler Menschen gab es nie eine Gründerzeit,
sahen sie doch keinen Grund, sich die Zeit für Engagement zu nehmen.

~

Manch einer klammert sich fest an die Hoffnung, im Glauben,
derart durch das Leben zu kommen.

~

Je weniger man die Welt betrügt,
um so ehrlicher ist man letztlich zu sich selbst.

~

———

Die Menschen sind nichts anderes
als höchst unterschiedlich ausgeprägt unwissend;
Schluss mit dem Gerede über Intelligenz!

~

Heute stehen die Chancen gut, dass einen die eigene Dummheit
weiter bringt – alles eine Sache gezielter Vermarktung.

~

Man muss nur dem Zeitgeist folgen, um sich für etwas besseres zu halten,
die Bedienung von Arroganz kann fast völlig im Hintergrund verbleiben.

~

Wir leben in einem Universum, das voller Energie steckt,
und können dennoch nicht einfach mal bei Bedarf kurz hinlangen
und nehmen.

~

Trump ist beileibe nicht der erste Hofnarr,
der es auf den Thron schaffte.

~

Der Alltag erscheint halb so schlimm,
wenn man ihn zu nehmen weiß. Ähnliches trifft auf die Frauen zu
und das liebe Geld.

~

Wer Gras über eine Sache wachsen lässt,
wird sich mit aller Macht gegen jegliche Mähversuche Dritter wehren.

~

Der Zeitgeist ist das wichtigste Instrument,
das Volk für dumm zu verkaufen.

~

Die Menschen wollen freilich alles haben – die einen sofort,
während sich andere in dosierter Bescheidenheit üben.

~

Irgendwo ist jeder zu Hause,
dort jedoch nicht immer zwingend nur glücklich.

~

Um als Jesus zu sterben, bin ich mittlerweile zu alt,
mich an Johannes Heesters zu orientieren, wäre zu viel verlangt.

~

Heere von Gurus versprachen bereits das Paradies
und immer wieder finden sich sowohl neue Verkünder als auch Gläubige.

~

Die Obrigkeit sonnt sich im Glanz des Erreichten,
an dessen Zustandekommen sie unter dem Strich keinerlei Anteil hat.

~

Allgemein wird rationales Denken
mit rationiertem Denken immer wieder verwechselt.

~

Einerseits rechnet die Obrigkeit mit zu viel vorhandener Potenz im Volk
und mutet ihm andererseits ein Übermaß an Entbehrung zu.

~

Glossiert einer die Zustände seiner Zeit,
also die Einstellungen der Menschen, so klammere er sich keineswegs aus,
nur weil er darüber schreibt.

~

Aus dem Lächeln der Verkünder lässt sich nichts ableiten.
Emotionslos teilen sie der Bevölkerung sowohl den Weltbankrott als auch
den morgigen Untergang ohne Gewähr auf Richtigkeit mit.

~

Man ist nie zu alt, um sich auf seine Eltern zu berufen.

~

Das Pflanzen eines Baumes aus besonderem Anlass
erwähnen alle großen Dichter, also sollten wir einfachen Leute
uns nicht scheuen, dies tatsächlich bei ausreichender Gelegenheit
zu praktizieren.

~

Mit der Wahrheit gehe genau so um
wie mit leicht verderblichen Lebensmitteln.

~

Zwischen der ersten Variante und dem Letztmöglichen
liegen unermessliche Zeiträume.

~

Das Spielen mit den Ängsten des Volkes
gehört in vielen Branchen zum Geschäft.

~

Was soll ich als Unsterblicher im Himmel, wenn ich dort täglich C. treffe,
der sich genau so benimmt wie hier und heute.

~

Aus Interesse an den Vorgängen im Himmelreich
schaue ich täglich den Wetterbericht.

~

Einmal geboren, hat der Mensch eigentlich keine Zeit mehr
für Nebensächlichkeiten.

~

Der Computersüchtige darf fast als gehbehindert gelten.

~

Gleich am ersten Tag der Revolution
bekommt das Ordnungsamt viel zu tun, da jede Menge Autos
im Parkverbot stehen.

~

Zu existieren ist Vielen Glück genug,
um stilvoll zu leben, fehlt es ihnen an Kulturverständnis.

~

Schaffte man eines Tages alles außerhalb der Wahrheit gelegene ab,
gäbe es schlagartig sehr viel brotlose Kunst.

~

Gut möglich, dass du gemeinnützig außer Haus tätig bist
und ein Dieb räumt dir inzwischen die Wohnung besenrein leer.

~

Von Haus aus gut und bestrebt, niemandem ernsthaft weh zu tun,
kann man oft nicht anders, als zum letzten Mittel zu greifen
und einem Unbelehrbaren auf die Füße treten.

~

Streng genommen arbeitet niemand für sich, den Chef oder wegen des Geldes,
sondern ausschließlich um den Fortbestand der Menschheit zu sichern,
was schwer vermittelbar scheint oder schlichtweg nie begriffen wird.

~

Viele scheinbar rüstige Rentner rüsteten schon vor Jahren ab.

~

Zu jedem Hoffnung säenden Optimisten findet sich
ein Ernüchterung verbreitender Pessimist.

~

Beim Papst handelt es sich um den bekanntesten,
aber auch mächtigsten Besitzlosen der Welt.

~

Alter Praktiker (der): scherzhafte Bezeichnung für einen Menschen,
der lebenslang versuchte, sich zum Fachmann zu entwickeln und dabei
lediglich in die Jahre kam.

~

Früher spielten Treiber nur bei der Jagd eine Rolle, heute kommt kein
Computer ohne sie aus – was für ein Fortschritt.

~

Selten bekommt man genau das Gewünschte,
aber zahlen muss man immer.

~

Mit jeder Erinnerung verjüngen wir uns nicht unbeträchtlich.

~

Selbstmitleid rekrutiert sich aus dem Bedauern,
in der eigenen Haut stecken zu müssen.

~

Anfangs werfen sie noch mit Worten um sich,
wenig später jedoch mit allem greifbaren Substanziellen.

~

Nicht immer leiden wir mit, doch selten bleibt uns
ein furchtbarer, ungewollter Anblick erspart.

~

Ordnung ist nicht mehr als kanalisiertes Chaos.

~

———

Sie glauben, Spaß haben zu können und steuern in Wirklichkeit
auf einen frühen Tod zu …

~

Der Vater des Misserfolges wird gesucht,
aber wie stets in solchen Fällen will es keiner gewesen sein.

~

Es möchte doch jeder auf die Gleichgesinnten zählen und nicht feststellen
müssen, dass er sich täuschen ließ und bloßen Mitläufern vertraute.

~

Wir müssen ganz einfach jene Menschen ertragen,
die schlecht gelaunt nicht anders können, als zum Untier zu mutieren,
dürfen sie jedoch verachten.

~

Man geht einen Weg, den andere anlegten im Wissen, warum,
und hinterfragt oft nicht, ob diese Leute ihr bzw. überhaupt ein Ziel
erreichten.

~

Wie sollen die Zeiten denn bessere werden,
wenn wir selbst stur und starr die gleichen bleiben?

~

Welches Laken der jeweilige Zeitgeist übergestreift bekommt,
entscheiden die momentan populären Trendsetter.

~

Leider hinterlässt nicht nur Spuren, wer neue Wege geht, sondern auch,
wer neue Sackgassen installiert.

~

Manch Seelsorger müsste richtigerweise
als Seelenverkäufer bezeichnet werden.

~

Manchmal reichen wenige Worte eines Gegenüber aus,
um mühevoll errichtete Gedankenkonstrukte oder gar komplett
eingerichtete Luftschlösser zum Einsturz zu bringen.

~

———

Die Inspiration, welche mir (theoretisch!) hundert neue Texte beschert,
gäbe ich hin für Gedankenblitze, welche mich befähigten,
zehn geniale Miniaturen aus der Taufe heben.

~

Der Trinker möchte keine sieben Leben,
so wie sie Katzen angeblich besitzen, mit einer zweiten Leber wäre er
schon völlig zufrieden.

~

Nicht das gehäufte Auftreten, sondern erst die Verknüpfung vieler „Ichs"
bildet eine Gesellschaft.

~

Einmal in die Jahre gekommen, beneidet man einen Menschen,
welcher nur fünf Jahre jünger ist als man selbst.

~

Singlebörse (die): ein allein lebender Mensch sucht Anschluss
und spült raffinierten Kupplern Geld in den Beutel.

~

Oft wird vergessen, dass schlechte Erfahrungen auch Potentiale beinhalten,
die dem Lernprozess neue Impulse geben.

~

Es machten sich viele auf den Weg und die ersten verschwanden bereits
nach wenigen Kilometern. Sie nahmen den Abzweig zur Kneipe oder
ließen sich auf einer Bank nieder, überzeugt davon,
mit dem präzisierten Ziel leben zu können.

~

Wir haben uns zu sehr daran gewöhnt,
einen Mechanismus auf Knopfdruck in Gang zu setzen und dabei
das Verständnis jeglicher Funktionsweise
völlig aus den Augen verloren.

~

Geschäftstüchtige Leute bringen es unter Nutzung der Dummheit
von Menschen zu großem Reichtum, andere stehen sich selbst im Wege
und fallen ohne Konzept über die eigenen Füße.

~

Der Mensch mit drittem Auge ist besser ausgestattet
als einer mit Zahnersatz.

~

Es lebte umsonst,
wer die Phantasie lediglich zur Fütterung seines Spieltriebes nutzte.

~

Die Zeiten sollten hinter uns liegen,
im denen wir die Kräfte und Ereignisse des Natürlichem nur bestaunen,
es gilt, sie mit hohem Wirkungsgrad zu nutzen!

~

So lange der Mensch mit Freuden denkt, tut und sich jung fühlt,
darf er als gesund und frisch gelten.

~

Herabsetzen sollte man sich nicht einmal als Gegenüber
einer weltweit anerkannten Koryphäe.

~

Wer in einer Scheinwelt lebt, distanziert sich nicht nur von der Realität,
sondern auch von allen Möglichkeiten einer Annäherung.

~

Lasst uns jeglichen Personenkult beenden und endlich dazu übergehen,
Vordenker ausschließlich im Rahmen der Anerkennung
nachhaltiger Leistung zu ehren.

~

Mit allen Möglichkeiten der Kunst wird Mutter Erde gehuldigt,
und doch zündete der Mensch auf und in ihr Atombomben.

~

Der Epigone versucht alles, um sich dem Idol anzunähern,
versteht jedoch nicht, zu sich selbst zu finden.

~

Viel Aufregung bleibt jedem erspart,
der den Kampf gegen Windmühlen einstellt und sich ganz
auf die lösbaren Aufgaben konzentriert.

~

Zu viel Glück macht träge und leicht vergisst man,
dass unablässig neue Ziele warten.

~

Das Problem wächst zur Krise, wenn jeder glaubt,
dass sich irgendein anderer findet, der sich der Sache annimmt.

~

Kein Wort gegen die Agnostiker,
aber beweisen können sie eben auch nichts.

~

Vor dem Fernseher sitzend, verdummen die Leute,
vor dem Computer harrend, verblöden sie völlig.

~

Mode (die): auslegbar als alter Mief in neuer Socke.

~

Auch die Dummheit unterliegt der Evolution.
Von einem Niedergang kann allerdings keine Rede sein,
eher von Expansion und noch größerem Erblühen.

~

Ja, wir sitzen alle in einem Boot,
jedoch die Mehrheit in halb gefluteten Räumen unter Deck.

~

Wer sich für das alleinige Bündnis mit sich selbst entschied,
kämpft gegen die Welt.

~

Unmöglich, dass einer gebildet von seiner Reise zurück kommt,
wenn er vierzehn Tage nur besoffen am Strand lag.

~

Nach dem Umbau Deutschlands zum islamischen Staat
wäre sogar Schluss mit dem Einschenken von gepanschtem Wein.

~

Was der Normalbürger als täglich verfügbare Gegebenheit einfach so nutzt,
ließ den Wissenschaftler einst erst ruhen, als er es formelhaft auszusprechen
vermochte, doch steht er im gleichen Moment vor neuen Fragen.

~

Ein Schiff wird kommen, aber nicht alle mitnehmen.

~

Zwar sehen wir die nackte Wahrheit,
jedoch nur unscharfe und verwackelte Bilder.

~

Heute, wo kaum noch jemand das Kopfrechnen beherrscht,
fallen Halbwahrheiten so gut wie nicht mehr auf.

~

Intelligenz verzichtet nicht auf Beleidigung.

~

Vermehrt der Privatmann sein Geld durch Geschäfte, entsteht Vermögen,
geschieht es infolge ökonomischer Faktoren, herrscht Inflation.

~

Nur wer zu unterscheiden weiß,
vermag Spreu vom Weizen zu trennen.

~

Der Kühnere gibt der Versuchung nach.

~

Nur weil viele Menschen das täglich Brot erwirtschaften,
können sich einige Leute mit Religion und Politik beschäftigen.

~

So lange noch nicht ausgeschöpfte Möglichkeiten, Profit zu machen,
existieren, wird sich die Gesellschaft keineswegs selbst abschaffen.

~

Runde Geburtstage darf man nicht als Schallmauer (an)sehen!
Das, was man hineinprojiziert, schleicht sich stets unmerklich
und zu einem völlig anderen Zeitpunkt ins Leben.

~

Unter den Werten,
die wir heute noch glauben verteidigen zu müssen,
befinden sich einige zu Ladenhütern und Sonderposten
degenerierte Faktoren, welche einst höchstes Ansehen genossen.

~

Das gelegentliche Eingeständnis von Unwissenheit lässt jeden Lehrer
menschlich erscheinen.

~

Auch der Mensch ist mal sauer,
aber deshalb nicht für alle Zeit ungenießbar.

~

Umständlich fährt er aus der Garage,
aber schnell aus der Haut.

~

Geht es um das Wachsen und Gedeihen eines lebenden Organismus,
so weiß der Mensch, dass er sich in Geduld zu üben hat.
Betreffs gesellschaftlicher Entwicklungen möchte er
mit allen verfügbaren Mitteln am Zeitfaktor schrauben und erwartet
von jetzt auf gleich Ergebnisse.

~

Der Einzelne erkennt freilich, dass viele Entwicklungen der Moderne
puren Unsinn verkörpern, weil sie jedoch gerade in sind,
können sie so abwegig gar nicht sein.

~

Freilich sind die Ansichten der Klassiker längst überholt,
doch lassen sich Vergleiche stets nur unter Berücksichtigung vom
Verhältnis zwischen Epoche und Kenntnisstand ziehen.

~

Wir kennen das Gesetzbuch, aber auch den Alltag da draußen.

~

Bemüht um Erlangung eigener Vorteile,
wissen sich sonst Unbeholfene immer wieder durchaus selbst zu helfen
und sind zu kaum für möglich gehaltene dubiose Machenschaften fähig.

~

Wessen Gedanken lebenslang lediglich um die Befriedigung niederer
Bedürfnisse kreisen, kann das Bestreben zu intensivem Nachdenken
wohl nicht zugesprochen werden.

~

Der Mann ist verheiratet mit einer Frau oder mit dem,
was ihn daran hindert, eine Frau zu heiraten.

~

So, wie die Fichte durch den Borkenkäfer abstirbt,
gibt es für jede Sache eine adäquate Kleinigkeit,
welche sie zu Fall bringt.

~

Vorausgeworfene Schatten gibt es mehr als genug – wenn wir nur wüssten,
welche große Ereignisse unmittelbar bevorstehen!

~

Vordenker, welche zu Lebzeiten nicht verstanden wurden,
interpretiert die Nachwelt auf eigene Weise.

~

Selbst in dichten Nebel gehüllt, präsentiert sich die Welt
von einer ihrer schönsten Seiten. Als angefügte Fußnote darf gelten,
dass der anthropogen verursachte Smog nicht mitzählt.

~

Das Augenmerk hin zum Göttlichen gerichtet,
lässt den Menschen aus dem Blickwinkel entschwinden.

~

Alle pochen auf Offenlegung der Wahrheit, ahnen jedoch nicht,
mit welch großer Energie sie die direkte Konfrontation suchen.

~

Wer sich aufgibt,
geht schnellen Schrittes auf den Tod zu.

~

Man kennt die Anatomie der Frau genau und dennoch vermag sie diese
immer wieder gekonnt in Szene zu setzen.

~

Leute, die mehrere Berufe erlernten,
können zwar einige zugehörige Urkunden vorweisen, jedoch sei Skepsis
bezüglich der Fertigkeiten geboten.

~

Die Leute reden immer und ihr Geschwätz beinhaltet
meist nichts, aus dem man lernen könnte.

~

„Wir werden sehen!" kann auch heißen:
„Alle werden leiden!"

~

Judas blieb nicht der einzige Verräter, der mit dem späteren Opfer
vorher noch am Tisch saß.

~

Wer der Armut zu entfliehen verstand, ändert auch seine Moral,
nur um nie wieder zum Ausgangspunkt zu sinken.

~

Zu den Verhütungsmitteln muss unbedingt die Migräne gezählt werden.

~

Illusionen: Märchen für Erwachsene.

~

Noch ist die Welt nicht völlig erschlossen! Es existieren einige Wälder,
in denen keine leeren Bierbüchsen herumliegen.

~

Die Darstellung eigener psychischer Schmerzen
reichte zur Füllung eines separaten Bandes und spülte letztlich nur Wasser
auf die Mühlen der ewig Jammernden.

~

Freiheit, Gleichheit, Brüderlichkeit: Gewisse Freiheiten
beansprucht jeder für sich und möchte sich nicht unbedingt gleich
mit jedem anderen verbrüdern.

~

Inhalt: ein am Ende tatsächlich Vorhandenes,
nicht jenes in erster Euphorie großzügig Angepeilte.

~

Erweist man jemandem zu viel Gutes,
erwartet dieser mit Sicherheit einen Nachschlag.

~

Was sind das für Menschen, die feststellen,
dass erneut ein Jahr zu Ende geht und sie wieder nichts erreichten?!

~

Ehe jemand mein Können erfragt, komme ich ihm zuvor und teile mit,
dass ich bei all meinem Tun auch nur mit Wasser koche.

~

Über Frauen und Männer möchte ich nichts Schlechtes sagen.
Aus diesem Grunde lasse ich mich nicht darüber aus,
wer das eine will und wer das ganz andere.

~

Die Ausmerzung der eigenen Fehler könnte daran scheitern,
dass man sich nicht entscheiden kann, wo begonnen werden soll.

~

Nach der Globalisierung folgt auf nächster Stufe wahrscheinlich
der geklonte Einheitsmensch.

~

Was heißt hier Befreiung?
Die Betroffenen zeigen sich lediglich bereit zur Aufnahme
von neuem Ballast. Auf der Plateauphase des Chaos führt jeder Versuch,
eine weitere Steigerung zu erreichen, wieder einen Schritt in Richtung
Ordnung oder zur völligen Vernichtung.

~

Der Mensch fühlt sich – von riesigen Informationsmengen und einer
Vielzahl an technischem Gerät umgeben – gleich bedeutend sicherer
und hält hartnäckig an dieser offensichtlichen Illusion fest.

~

Hinter Neurosen und Illusionen versteckt der Mensch
seine reale Wahrnehmung und hofft, mit der Wahrheit
nie konfrontiert zu werden.

~

Es gibt Autoren, von denen kann man das Schreiben lernen,
während andere die Kunst des Auslassens vermitteln.

~

Irgendetwas muss der Mensch letztlich wählen – er hat also tatsächlich
keine Wahl.

~

So groß sind die Qualen des Wählenden gar nicht; er entscheidet sich
für das seinem Wesen Naheliegendste.

~

Viele kennen den Weg nicht, also das eigentliche Ziel,
aber um das endgültige wissen sie ganz genau.

~

Was die einen immer reicher macht,
lässt die anderen zunehmend verblöden.

~

Er möchte die Argumente liefern und die anderen sollen gefälligst
danach arbeiten.

~

Es erbarmt sich seiner eigenen Person, wer sich in Selbstmitleid verliert,
ohne dass sich der Prozess der Selbstfindung irgendwann anschließt.

~

Die beständig vom Aufbruch reden, raffen nicht,
dass sie sich niemals aufraffen werden.

~

Das Nichtssagende ist ein Kosmos für sich,
dessen Scheinargumente ganze Bibliotheken zu füllen vermögen.

~

Die Schwierigkeit besteht eben darin, verschiedene Menschen
für gleiche Ziele zu begeistern.

~

Niemand versteht alles und bleibt auch selbst
im Grunde unverstanden.

~

Die Forderung nach mehr eigenem Denken
befeuert lediglich den Umlauf von Gerüchten.

~

Aus Eins und Null bauen sich alle Daten auf,
und auch wenn sie sich beständig vermehren, werden sie es doch nie
zur Zwei schaffen.

~

Das Unlautere erfährt keinesfalls Verbreitung mit leisen Tönen,
ganz im Gegenteil!

~

Der Unbestechliche kann ein gefährlicher Mensch sein,
der Geld lediglich als totes Medium betrachtet.

~

Wahrheit ist immer nur Irrtum auf dem neuesten Stand
glaubhafter Annahmen.

~

Man sieht schwarz für die Zukunft angesichts dessen,
was sich die Leute alles selbst weismachen.

~

Im Ersinnen von Unsinn brachte es der Mensch im Laufe der Zeit
zu beachtlicher Meisterschaft.

~

Jeder tut, was er kann, zugibt oder glaubt zu können.

~

Beim Nichts handelt es sich um ein Etwas,
das wir heute noch nicht zu (er)fassen vermögen.

~

Die Ewiggestrigen verstehen es sehr gut,
sich im Heute zu etablieren.

~

Wieder zu neuen Erkenntnissen gekommen,
tragen wir plötzlich Wissen in uns, das nicht in jedem Falle
Anlass zur Freude geben muss.

~

Alle Wege führen nach Rom und einige nach Hause.

~

Wer statt Schafen gleich ganze Schafherden zählt,
kann auch nicht effektiver einschlafen.

~

Um dem anderen die Meinung sagen zu können,
muss man ihm nicht einmal nahekommen.

~

Endlich kommt die Zukunft,
aber wird sie dadurch nicht endlich.

~

Der Selbstvergessene mag sein Ich aus dem Auge verlieren,
nicht jedoch das materielle Denken.

~

Eigentlich begeht ein Vergehen,
wer die Zeit ungenutzt vergehen lässt.

~

Was sind denn Memoiren anderes als ein Flickenteppich
von frisierten Erinnerungen an schönste Abenteuer
und durchlebte Tiefpunkte.

~

Von der Wahrheit ist eigentlich nur bekannt,
dass sie existieren muss.

~

Auch wenn wir heute keinen Rest Unordnung übrig lassen,
haben wir morgen allemal genug zu tun.

~

Noch konnte der Virus nicht gefunden werden,
welcher die Dummheit grassieren lässt.

~

Unterscheide – Selbstbewusstsein, Selbsterkenntnis, Selbstmitleid und
Selbstbeweihräucherung.

~

Der kürzeste Pilgerweg führt zur Kneipe.

~

Oft nimmt das Unheil seinen Lauf,
kommt aber nicht selten auf leisen Sohlen dahergeschlichen.

~

Gelegentlich muss man den Mund halten,
das Denken kann jedoch niemand verbieten oder abschalten.

~

Alt wird, wer ein nie Realisiertes konsequent zu den Akten legt.

~

Viel wichtiger als die Erkenntnis, dass man gut ist,
dürfte die Überzeugung sein, dass man besser werden muss.

~

Wer wirklich übel dran ist,
findet keine Gelegenheit zum Jammern.

~

Die Unkritischen sind es,
die den Konsumklimaindex wesentlich beeinflussen.

~

Der Mensch vergisst (in Abstufung) mehr oder weniger die Fakten.
Was bleibt, sind Legenden.

~

Das bekannteste Einzelkind aller Zeiten: Jesus!

~

Was einer als Dummheit ansieht, entscheidet sein IQ.

~

Ehe sich zwei streiten, vergrößern sie die Wahrheit kurzerhand
um das fragliche Thema.

~

Auch der Zufall evolutioniert und bietet heute Möglichkeiten an,
die es so vor 20 Jahren noch gar nicht gab.

~

Der letzte Redner philosophiert über gangbare Wege und bemerkt nicht,
dass die Praktiker ihr Werk längst begannen.

~

Angeblich soll Ordnung das halbe Leben sein,
doch glaube ich nicht, dass sich das Streben nach Geld
mit bloßen fünfzig Prozent begnügt.

~

Beim Mobbing entfernt man Staub oder fegt ganze Menschen hinweg.

~

Das Leben
hält vorrangig haus- (sprich: menschen-)gemachte Probleme bereit,
so viel steht unverrückbar fest.

~

Wir sprechen derart von Ursache und Wirkung,
als stünden wir beständig außerhalb jeglicher Ereignisse.

~

Wer sich nicht aufrafft, verschweigt sich selbst
die besten eigenen Fähigkeiten.

~

Die Historie kennt viele Beispiele, wo Könige schlecht behandelt wurden,
und heute soll es sich angeblich bei allen Kunden
um gekrönte Häupter handeln …

~

Nicht nur Ehebruch, sondern weit schlimmere Dinge
sieht heute kaum noch jemand als Beinbruch an.

~

Nicht jeder erkennt es als Fortschritt an, wenn neue Gesetze
die Nutzung eines bisher intensiv frequentierten Schlupfloches
ab sofort für illegal erklären.

~

Fähigkeit muss man tagsüber zeigen und sich die Fertigkeit
für den Feierabend aufsparen.

~

Als Hänschen lernte er es einst nicht,
und was er als Hans im Glück daraus machte, wissen wir alle.

~

Für die Milliarden
vor Jesus' Wiederauferstehung gestorbenen Menschen
kann nach christlichem Verständnis kein postumes Seelenheil
eingeklagt werden.

~

Je später der Abend,
um so weniger Anstalten machen die Gäste, nach Hause zu gehen!
Im Gegenteil; sie scheinen sich ganz wie bereits dort angekommen
zu fühlen.

~

Wer weder Zeit noch Rat für andere hat,
gefällt sich in alleiniger Praktizierung seines Egoismus.

~

Als am schlechtesten gepflastert
erweist sich der Weg von der Kneipe nach Hause.

~

Die ausschließlich schönen Menschen dürfen wir niemals ans Ruder lassen,
mehr als schön zu sein, vermögen sie nämlich nicht zu leisten.

~

Tatsächlich existieren Bücher, angefüllt mit Text,
aber gefühlt voller Leerzeichen.

~

Schaue ich mir die nackten Lebensdaten von Menschen an,
die exakt 100 oder 200 Jahre vor mir geboren wurden,
so brachte ich es doch schon relativ weit.

~

Um die Epoche ist es schlecht bestellt,
wenn sich die Menschen entschließen, der Zukunft die Kinder zu ersparen.

~

Auf halber Strecke zwischen Verdursten und Ertrinken
sowie zahlreich anderem Bipolarem verbringen wir unser Leben.

~

Ich weiß nicht, was und vor allem wie er umdenken will,
erlebte ich ihn doch nie in geistiger Arbeit versunken.

~

An das Ende denke ich nie, wohl aber daran,
was mir auf den restlichen Etappen noch zu tun bleibt.

~

Die Geschichte kennt viele Beispiele, wo Wahrheiten
lange Zeit für Lügen, Gerüchte, surreale Konstrukte gehalten wurden und
dann stimmte die Annahme doch; schlimmer:
Das, was sich als wahr herausstellte,
waren furchtbare Verbrechen.

~

Indem wir uns auf die Zukunft freuen,
holen wir das erste Stückchen von ihr in unsere Zeit herüber.

~

Die persönlichen Vorstellungen von C. passen nur in den Kopf von C.,
ohne dass man ihm böse Gedanken unterstellen will.

~

„Ich glaube an die Zukunft!" – ich auch, aber nicht,
indem ich andere für mich schuften lasse.

~

Trübe Aussichten bestehen für das Alter,
kommt einer schon in der Jugend nicht mit sich selbst klar.

~

Die vielen Regeln halten uns auf Trab,
trifft eine Ausnahme zu, können wir Pause machen.

~

Seine Erfolge machten ihn extrem eitel,
ging er doch auf den Heldenfriedhof zum Probeliegen.

~

„Ein Hoch auf die Aphorismen!" – was nicht heißt,
dass ausgerechnet diese Bände ganz oben im Bücherregal stehen sollten.

~

Weder zu Lebzeiten noch Jahrzehnte danach
verstand man C. als Persönlichkeit und setzte ihm versöhnlich
wenigstens ein Denkmal.

~

Wer daran arbeitet, Menschen durch Maschinen zu ersetzen,
wird eines Tages feststellen, dass er sich selbst untergrub.
Dann aber ist es zu spät – für ihn, für andere, für alle.

~

Quer durch die Geschichte
musste noch nie ein Pleitegeier Hunger leiden.

~

So große Objekte, wie Christo sie verpackt,
kann kein Exhibitionist gegenteilig entblößen.

~

Über ein mögliches Leben nach dem Tod mache ich mir keine Sorgen.
Schließlich gelangte ich auch völlig unvorbereitet in die jetzige Existenz.

~

Die bunten Blätter blenden für einen Tag die Krisenherde der Welt aus,
nur um in aller Breite den Tod eines Messies auszuschlachten,
der in der Vergangenheit mehrfach im Mittelpunkt
einer Fernsehsendung stand.

~

Wer etwas reizend findet, könnte auch Allergiker sein.

~

Allein mit mir schweige ich mich aus,
statt mitten in Gesellschaft andere anzuschweigen.

~

Noch größere Objekte als Christo vermag nur der Nebel zu verhüllen.

~

Als kleinstes gemeinsames Vielfaches von Menschen
dürfen Interessen gelten, die sie zusammen bringen. Nur das Natürliche
nimmt weit größeren Raum ein.

~

Es berufen sich auf die Meinungsfreiheit sowohl Leute,
welche ihre Vorstellungen gedankenlos verkünden, als auch Personen
der gegensätzlichen Seite, die sich ihren Teil dazu denken.

~

Viele ängstigen sich vor den Leuten auf dem Totenbett,
obgleich diese im gemeinsamen Alltag unentbehrlich schienen.

~

Mit einigen Persönlichkeiten vom Fach
würde ich ganz gern einmal sprechen, mit Leuten aus politischen Kreisen
mangels echter Berührungspunkte eher nicht.

~

Der hohe Besucher spürt seine gespaltene Persönlichkeit:
Während er noch gelangweilt dem Volk zuwinkt, sitzt er gedanklich schon
mit den Bossen am Tisch.

~

Man muss die Welt gesehen haben,
um die Schönheit der Heimat vorbehaltlos anzuerkennen.

~

Ähnlich den Bäumen liegen auch unsere Wurzeln unterirdisch:
auf dem Friedhof.

~

Die geistig Kurzsichtigen vermögen es nicht,
in die Tiefe der Probleme einzudringen, betreiben jedoch
eine ausschweifende Polemik.

~

Es ruhen die Toten und einige der Lebenden sind nicht viel lauter.

~

Keine Vorbehalte gegen eines Mitbürgers Gott, doch verlange konkret
die Einbringung des Extraktes aus Glaube und Zwiegespräch
in den gemeinsamen Alltag.

~

Wer oben am Strom wohnt, vertraut alles zu Entsorgende
den Fluten an. Sein eigenes Trinkwasser ist ja rein und die weiter unten
Wohnenden konnte er ohnehin noch nie leiden.

~

Den Seinen gibt der Herr ein Schaf,
den anderen ein Ei.

~

Es entschuldigten sich schon Leute nach begangene Taten,
für die es keinerlei Entschuldigung gibt.

~

Mann über Bord und keiner reagiert! Kein Wunder,
immerhin sitzen alle in einem Boot und jeder denkt nur an sich.

~

Der Rubel rollt,
sowohl als Münze als auch in Form von Papiergeld oder Aktie.

~

Ohne Einsicht in Bücher entsteht keine im Kopf.

~

Was man nicht in Worten auszudrücken vermag,
kann letztlich auch nicht ausgedruckt werden.

~

Ein Autobahnunfall wirkte auf den nachfolgenden Verkehr
zumeist lang anhaltend.

~

Jegliches Glück zeigt sich fragil und verfügt
weder über Zug- noch Druckfestigkeit.

~

Zwei Gedanken managen alles:
Der erste regelt den Ablauf und der zweite
gibt das Startzeichen zur Umsetzung.

~

Wer schlafende Hunde weckt,
steht plötzlich Wachhunden gegenüber.

~

Das Finanzamt als staatliches Organ
stellt sozusagen die Leber der Gesellschaft dar,
welche die Abgaben der Steuerzahler verstoffwechselt.

~

Hinter manch hartem Schädel
steckt eine unzuverlässige Festplatte.

~

Man ist erstaunt,
wie eng sich doch „vielsagend" und „nichtssagend" zuweilen verknüpfen.

~

Tiefste Provinz ist dort, wo man nebenbei erfährt,
dass das Land seit drei Wochen einen neuen Präsidenten hat.

~

Wer A sagt,
steht vermutlich seinen Hausarzt gegenüber.

~

Ohne die Zuflüsse aus Ergebnissen der Schwarzarbeit
stünde der Finanzminister keineswegs mit weißer Weste da.

~

Nach erfolgreicher Promotion oder als Schuldner trägt man einen Titel.

~

Kommt es zur Schlägerei,
fragt keiner nach den Faustregeln.

~

Der Hürdenläufer passiert nach 110 m oder 400 m das Ziel,
egal in welcher Zeit. Der Normalbürger nahm nach Jahren und
Jahrzehnten immer noch nicht die letzte bürokratische Hürde und kann
die dabei zurückgelegten Wege gar nicht mehr bemessen.

~

Auch Geld vermag sich abzusetzen:
in dunkle Kanäle oder auf die Cayman Islands.

~

Wer eine Meinung teilt, kopiert sie eigentlich nur.

~

Es macht einen sprachlos, erlebt man Leute,
die endlos zu reden vermögen und doch nie Taten folgen lassen.

~

Selbst beim Placebo kann es sich um bittere Medizin handeln.

~

Lieber mit dem ganzen Geld abgesetzt
als einen schnöden Kleinbetrag von der Steuer.

~

Auch einige der Sterneköche haben nicht das Zeug zum Scharfmacher.

~

Wer erst einmal Abstand braucht,
der lässt das Problem kurzerhand davonschwimmen.

~

Man hinterfragt und verlangt vordergründige Antworten.

~

Die Zahl der Worte ist begrenzt, was aber nicht heißt,
dass sich Gedanken irgendwo und irgendwann erschöpfen.

~

„Ich weiß nicht, was soll es bedeuten!" – das Argument aller Ahnungslosen.

~

Gib mir Zeit und lass dein Geld stecken!

~

Erst musst du zuhören und schweigen,
wirst dann als nächster Redner aufgerufen und kannst allen zeigen,
wie gesprochen wird.

~

„Gib mir Zeit!"
„Willst du's in bar?"

~

Zeit zu hoffen hat man immer, doch sollte dies aktiv geschehen.

~

Was zwischen den Zeilen steht,
vermag niemand zu löschen.

~

Spaß beiseite? Was bleibt dann noch vom Leben?

~

Dort, wo sich Fuchs und Hase „Gute Nacht" sagen,
spielen sich noch ganz andere Dinge ab.

~

Die Welt schläft nie,
verpennt jedoch gelegentlich wichtige Augenblicke.

~

Alle reden von Nachhaltigkeit.
Es können aber auch Ängste und Unzufriedenheiten sein,
welche nachhaltig wirken.

~

Ich glaube an den Menschen und hoffe von Herzen,
am Ende nicht auf's falsche Pferd gesetzt zu haben.

~

Es sollten wohl mehr Bücher geschrieben werden,
doch proportional die Menschen auch ein Vielfaches mehr lesen.

~

Das Abwägen rein männlicher Sichtweisen
gegen weibliches Denken über die Welt macht Überlegung
erst so richtig interessant.

~

Ich schreibe nicht, um den Beweis zu führen,
dass ich tatsächlich denke.

~

Blauer Dunst beherrscht die Welt.
Er entstammt den Zigaretten oder dem Denken gemäß angesagtem Trend.

~

Man schnuppert an einem Parfüm und kann nicht verstehen,
warum ein solcher Geruch dermaßen viel Geld kosten soll.

~

Wie oft weiß man als einziger um eine Lüge und deckt sie doch nicht auf,
aus Furcht vor den unberechenbaren Wogen, welche selbst das Leben
von weit Außenstehenden verändern würden.

~

Der Mensch kann sich – seiner Doppelmoral bewusst –
beim besten Willen nicht für eine der beiden Hälften entscheiden.

~

Gefallenes Mädchen (das): junge Frau,
die einem Mann einen scheinbar folgenlosen Gefallen tat
und dann verantwortungslos und folgenreich fallengelassen wurde.

~

Manch einer wundert sich,
dass nur ihm die eigene Klugheit auffällt.

~

Meist ist der Auftrag schneller abgearbeitet,
als er nachfolgend bezahlt wird.

~

Standpunkte
gehen nicht nur nach reichlichem Alkoholgenuss verloren.

~

Ausloten, wie weit man gehen kann – auch eine Form von
fehlgeleiteter Selbstkontrolle.

~

Er überrascht immer wieder mit nichtssagenden Vorurteilen,
aber nie mit brauchbaren Bewertungen, geschweige denn Taten.

~

Sie trugen ihren Jahresring
gerade mal 13 Monate lang am Finger.

~

Tsunami – das klingt sofort glaubwürdiger als Sintflut!

~

Wer die Tücken des Alltags ignoriert, halbherzig bearbeitet oder
einfach umfährt, kommt auch irgendwie über seine Zeit.

~

Als Konsumenten werden wir nach wie vor gebraucht,
dürfen darum weiterleben.

~

Mir fallen in den unmöglichsten Situationen längst verjährte Träume ein,
welche allesamt leider ohne ein Happy End blieben.

~

Keinesfalls musste weniger leiden, wer früher starb.

~

Der Säufer kommentiert das Tun eines anderen wortreich im Bestreben,
die eigenen Verfehlungen unter Stoff zu vertuschen.

~

Die Finanzknappheit der öffentlichen Hand
lässt die Museen auf Raten absaufen.

~

„Hauptdarsteller", „Regisseur", „Beleuchter", „Kulissenbauer"
und all die anderen bestimmenden Funktionen im Leben
muss jeder für sich managen und glaubt sich dennoch nicht selten
im falschen Film.

~

Hinter unserem Rücken erstreckt sich das Reich der Vergangenheit,
die das Leben von Milliarden gewesener Menschen deckelt.
Sie existierten nicht nur einfach so, sondern bewegten
– jeder nach seinen Möglichkeiten –
kleine Körnchen Wahrheit durch ein Bruchstück der Ewigkeit.

~

Lässt man das eigene Leben einfach so verrinnen,
bleiben freilich wichtige persönliche Fragen für immer unbeantwortet.

~

Wer möchte schon den Abfall von der Sünde?
Die Menschen tun auch morgen ein Fragliches und erzeugen weiterhin
Berge von Müll.

~

Künstler (der): das kann ein Mensch sein,
welcher nicht anders zu bezeichnen, eben weil er die Kunst verballhornt,
ohne dabei auch nur eine Sekunde an sich und seinem Tun zu zweifeln.

~

Man tut,
was man kann?

Aha!

Also deswegen verharren so viele Leute
regungslos!

~

Nicht immer kennt man den Umfang des Möglichen
und entscheidet sich oft gegen das in der Situation Wirksamste.

~

Der Mensch ist es nicht mehr gewöhnt,
in Höhlen zu wohnen.

~

Ein ohne Höhepunkt verbrachter Tag gehört zwar zum Leben,
muss allerdings unter bloßer Existenz verbucht werden.

~

Provoziere weder Fehler noch Stillstand, nur um dem anderen
eins auszuwischen.

~

„Es war einmal …"
heißt es immer so schön und alle lauschen ergriffen,
obwohl jedem klar ist, dass niemand die angesprochene Sphäre kennt
oder je vor Ort recherchieren wird.

~

Wir haben neue Menschen in die Welt gestreut
und wollen dafür keinen Dank. Wenn sie – wie zu allen Zeiten praktiziert –
so säen und ernten (ob Körner, Produkte oder Gedanken),
dann lebte auch unsere Generation nicht umsonst.

~

Liebesgedichte vermögen immer wieder zu faszinieren;
der Mensch versteht also auch auf dem Papier zu lieben …

~

Wenn alles gesagt ist, dann gibt es nur zwei Möglichkeiten:
Entweder beginnen die Leute gemeinsam ein Werk oder ein Staffelstab
wurde übergeben.

~

Viele zeitgenössische Aphorismen sind im engeren Sinne gar keine,
sondern halten eine ganz triviale Feststellung oder die Beschreibung
eines Zustandes fest, sollten aber dennoch wie notiert stehenbleiben,
da in dieser Form noch nie aufgeschrieben.

~

Zur Einsicht, dass alles eigentlich ganz einfach erscheint,
kann nur ein Theoretiker gelangen.

~

Ein Mann, ein Buch – ein Buch, viele Leser.
Wenn alles nur so einfach wäre!

~

Durch Eingebung stellt man sich einer Aufgabe
und durch hartnäckige Hingabe erfährt sie Verwirklichung.

~

Laien, die wir sind,
verstehen uns dennoch als autarke Lebenskünstler.

~

Durch unsere Gestalt werden wir als Mensch identifiziert,
und nur ein kulturvoll geprägtes Wesen lässt uns dementsprechend
Handeln.

~

Das Streben nach einem umfassenden Allgemeinwissen
beinhaltet weder tiefe Auseinandersetzung mit Lehren,
die man strikt ablehnt, noch Kenntniserwerb dort.

~

Im Rückspiegel
sieht man nicht nur das Zurückgelassene langsam immer kleiner werden,
sondern auch all jene, die (schneller als man selbst) ebenfalls,
aber in Gegenrichtung, das Weite suchen.

~

Nach einem intensiven Streitgespräch weiß man manchmal nicht mehr,
wo einem der Kopf steht und die eigenen Argumente rutschten unbemerkt
bis in die Kniekehle.

~

Das, was im Zivilen in die Binsen geht,
stellt kein Gegenstück zum Grauen des Krieges dar,
ist jedoch ebenso verächtlich.

~

In einer ganzen Reihe von Ländern endete die Kohleförderung,
nicht jedoch die Geldwäsche!

~

Alles, was die Menschheit verschwendet,
wird gegen sie verwendet werden.

~

Klemmt die Tür am Notausgang, dann sitzt du in der Klemme.

~

Es sind Männer mit ihrem Leben zufrieden,
die sich nie um ihre Kinder kümmerten, also nie
deren Zufriedenheit hinterfragten.

~

Zu viel nachzudenken über die geplanten Vorhaben,
schafft nichts anderes als Ängste und Vorbehalte.

~

Tauschen wir nicht alle unsere Lebensjahre gegen Erfahrungswerte ein?

~

Über die Zeiten lernte der Mensch eigentlich nur dazu,
um schneller und effektiver Raubbau betreiben zu können.

~

Natürlich weiß jeder,
was ihm zur vermeintlichen Erlangung höchsten Glückes alles fehlt,
und muss dennoch versuchen, aus seinem Leben das Beste zu machen,
da sich niemals jegliche dieser Komponenten unter einem Hut bringen
lassen, ja, selbst die geringste Annäherung zueinander scheuen.

~

Eines Tages müssen wir zugeben, dass wir nicht mehr die kernigen Recken
von einst sind und mit unseren Erfahrungen die auftretenden Zipperlein
keinesfalls zu kaschieren vermögen.

~

Helm (der): ziviler Arbeitsschutz,
am besten ab heute für jeden und immer.

~

Erst bei genauem Hinsehen erkennt man,
dass die scheinbar fehlerlosen Leute den meisten Schaden anrichten.

~

Gewarnt sei vor verschachtelten Sätzen!
Man darf sie ohne Übertreibung als geistige Wurmlöcher bezeichnen,
von deren Ausgangsportal kein Nichteingeweihter die Koordinaten kennt
und dem Publikum verschlossen bleibt, worauf sie zielen.

~

Der moderne Mensch sitzt sattelfest im Auto.

~

Erleichternde Umstände, wenn ein Neuer ab sofort zum Team gehört
und Fertigkeiten und neue Ideen mitbringt.

~

Angestammte Rechte erwiesen sich über Epochen als sinnvoll,
doch wenn wir heute von modernen Zeiten reden, muss einiges davon
– wenn nicht gar vieles oder alles –
auf den Prüfstand.

~

Was da eben aus dem Rahmen fiel,
war hoffentlich kein Picasso.

~

Zu keinem Zeitpunkt hatte ich vor, jemanden zu bekehren,
höchstens das Stück Straße vor meinem Haus.

~

Der Mensch erweist sich immer wieder als Herdentier – ob in der Schule,
am Stammtisch oder inmitten der Bikertruppe.

~

Die Rentnerregierung fuhr den Staat an die Wand,
da kam die Wende dazu und plötzlich fiel die ganze Mauer.

~

Trübt sich das Konsumklima ein,
springen die Ökonomen im Quadrat, andererseits wird immer wieder
an das umweltgerechte Verhalten appelliert – ja, was denn nun?

~

Ich fürchte nicht
die rezenten Andersdenkenden und Verschiedenheiten der Phänotypen,
erschaudere jedoch vor dem Horrorszenario, dass eines Tages alle Menschen
vielleicht aus gleicher Charge und Retorte stammen.

~

Der Mensch sehnt sich nach dem Paradies und versteht nicht,
seine angestammte Heimat zu einem solchen zu formen.

~

Damals pflückten die Menschen Feigenblätter, um sich zu bedecken,
heute jagen sie den Lorbeeren hinterher, von denen geschmückt
sie sich in den Himmel gehoben fühlen.

~

Ob es der Verkaufskanone sogar gelingt,
Waffen an die Pazifisten zu verkaufen, bleibt fraglich; in dieser Welt
verwundert mich allerdings nichts mehr …

~

Nichts Neues unter der Sonne:
Menschen über Menschen – die einen geschäftig und andere eher nicht.

~

Man kann Glück haben,
vielleicht sogar ein großformatiges,
weiß jedoch nie, welche Verpflichtung sich daraus knüpft.

~

An Gemeinplätzen tummelt sich das Volk – das Parlamentsgebäude
gehört nicht dazu.

~

Die deutsche Korruption versteckt sich
hinter glitzernden Fassaden und Unsichtbares verleitet seit jeher
zum generellen Negieren.

~

Ohne gefundenes Fressen
stünde die Presse gänzlich futterlos da.

~

Beim Klassentreffen erinnern sich die Menschen viel eher und intensiver,
als zum Beispiel vor Gericht.

~

Einmal in die Welt getreten,
wird die Wirkung sofort wieder zur Ursache.

~

Jeder ist darauf bedacht,
den Inhalt des Zählers zu mehren und setzt alle Hebel in Bewegung,
um den Nenner auf Eins zu belassen.

~

Ein Strauchdieb ist zu allem fähig und klaut Mitte Dezember sogar
Weihnachtsbäume.

~

Heute bleibt der Apfel der Erkenntnis zumeist unbeachtet.

~

Keiner möchte sein wie ein anderer, nur besser, sehr viel besser,
vor allem aber anders.

~

Jeden Tag gilt es auf's Neue,
ein weiteres Stückchen vom Blatt mit sinnvollen Zeichen zu füllen.
Dann ist die Welt in Ordnung.

~

Ein bisschen Verrücktheit ist gut für's Geschäft,
eng wird es erst, wenn sich der Wahnsinn mit ins Bild schiebt.

~

Auch die schlimmste Sache ist des Aufhebens wert,
sie gehört stilvoll platziert in den Mülleimer.

~

Wer sich mit Mut den Gegebenheiten stellt,
ringt dem Schicksal gängige Varianten ab. Wer in einem Film als Statist
durchs Bild huscht, kann sich auf nichts Sensationelles berufen.
Welch andere Funktion hatte er denn, als lediglich Füllmasse zu sein?!

~

In meinem Gedankenarchiv
sieht es schlimmer aus als in einer Messiwohnung – täglich räume ich aus,
aber auch ebenso ein.

~

Wenn es an der Tür klingelt, dann garantiert nicht,
weil einer draußen steht, der die Zukunft vorbeibringt.

~

Sollte man mir eines Tages vorhalten: „Du bist alt geworden!“,
kann ich immer noch mitteilen oder aber verschweigen,
wie alt oder jung ich mich fühle.

~

Die Toten der mehr als 14.000 Kriege unserer Historie
nahmen mehr zivile Pläne mit ins Grab, als je verwirklicht wurden.

~

Die aktiv gehandelte Hoffnung stirbt zuletzt – um diesen kleinen Zusatz
sollte der bekannte Spruch erweitert werden.

~

Lieber der lachende Dritte, als der weinende Vierte.

~

Zukunft bleibt auf ewig, das große Unbekannte da vorn,
welches immer nur ein Quäntchen abstreift und als fortgesetzten Alltag
zu uns schickt.

~

Mehr Anstrengung wird unternommen,
um den Sinn des Lebens endlich als Formel in Händen zu halten,
statt jedes weitere Lebensjahr mit vernünftigem Inhalt auszukleiden.

~

„Nach fünf Jahren zählt man zu den Einheimischen!“
„Aber nicht hier in Xdorf!“
Der Mann kennt sich aus, sowohl mit den Vorbehalten
und den Gepflogenheiten im Ort.

~

Im guten Glauben, aus den Fehlern gelernt zu haben,
verfeinerte man sie lediglich.

~

Man heiratet die Frau,
welche man für die Richtige hält,
und sollte später nicht enttäuscht sein, dass sie es keinesfalls
in wirklich jeder Lebenssituation ist oder sein kann.

~

Manch innere Überzeugung zerfiel schon zu Staub,
als sie die Außenwelt kontaktierte.

~

Es kann der Mensch in mehr Metiers seine Unschuld verlieren,
als er letztlich Tage lebt.

~

Auch wenn im Großen ein Profi am Ruder steht,
den eigenen Kurs muss jeder selbst für sich halten,
ohne sich auf Unkenntnis oder Laienhaftigkeit berufen zu können.

~

In vereinzelten Sequenzen lässt sich höchstes Glück immer noch steigern,
keinesfalls jedoch unter Einsatz von Geld.

~

Es darf die Existenz von Leuten vermutet werden,
welche stets von einer Art Frühjahrsmüdigkeit ummantelt.

~

Wer seine Unschuld verliert,
legt parallel ein Seelisches zu den Akten.

~

Mit einem Zeitmesser lässt sich nichts schneiden.

~

Wer frisch und beherzt zum Pinsel greift, hat wenig später
eine ganze Stadthalle mit neuen Anstrich versehen.

~

Ein Glück auf Kosten anderer hat kurze Halbwertszeit.

~

Aus Fehlern gilt es zu lernen,
so lange sie sich lediglich als spürbares Hemmnis bemerkbar machen
oder einen Wirkungsgrad begrenzen, und nicht erst dann,
wenn sie soweit kulminieren, dass es zur Katastrophe kommen könnte bzw.
im Rückblick auf diese.

~

Zu allen Zeiten erzählten die Leute viel dummes Zeug;
das meiste Geld verdienen sie allerdings heute damit ...

~

„Aus seinen Fehlern sollte man lernen!"
„Welche Fehler?"
Sorry, war mein Fehler, überhaupt etwas gesagt zu haben.

~

Du sparst ein Leben lang und sitzt im Alter
über Nacht mit einem Koffer voll Spielgeld da.

~

Einem Menschen, der alles wüsste, fehlte jedes Argument,
um noch an die Welt glauben zu können.

~

Noch vor 150 Jahren konnte man sicher sein,
dass morgen wieder jemand eine Erfindung präsentiert.
Heute weiß niemand, ob nicht irgendwo auf der Welt ein Irrer
gleich die alles vernichtende Bombe zündet.

~

Wer sich nicht zum Affen macht, handelt richtig,
stehen ihm doch als Mensch viel mehr Möglichkeiten offen.

~

Der Filmriss kam in die Welt,
als es Mode wurde, Alkohol zu trinken.

~

Immer wieder dasselbe: Einen gerollten Kiesel wollte ich anschieben
und kehre Stunden später im Tal eine mittlere Mure,
zumeist bestehend aus nutzloser Korngröße zusammen.

~

Es liegt in der Natur des Glaubens,
dass sich nicht jeglicher mit anderen teilen lässt.

~

Eine weitererzählte Wahrheit verliert ihren Gehalt
im Dschungel der Münder.

~

Man glaubt, ein Schnäppchen zu erstehen und der Händler
freut sich eine Unze mehr.

~

„Keiner" – das klingt so unpersönlich und kalt.
„Niemand" – das hört sich schon eher nach menschlicher Leermenge an.
Davon abgesehen kenne ich Leute, die heißen Keiner oder Niemand.

~

Wann ist gleich?
Für mich zwei Augenblicke nach sofort!

~

Das Geld trifft keine Schuld.
Immerhin könnte der Mensch auch ausschließlich in der Dimension
äquivalenter Produktmengen denken.

~

Ob einer reich ist oder nicht,
entscheidet sich am Medium, welches er besitzt.

~

Einem Autor, welcher vor 500 Jahren lebte,
tritt man schnell voreingenommen entgegen, er schriebe nur über Religion.
Dann liest man sich ein und stellt fest: „Der spricht auch nur vom Geld!"

~

Nicht einmal Einstein konnte das Wesen der Zeit erklären,
doch über das Geld weiß scheinbar jeder Mensch alles.

~

Lange vor Lilienthals ersten Versuchen
lernte die menschliche Phantasie fliegen.

~

Was heute noch als Traumboot der Liebe gilt,
erweist sich morgen vielleicht als Titanic.

~

Wo der eine den ersten Schwerpunkt setzt,
sieht der andere noch keinerlei Handlungsbedarf.

~

Nicht wenige setzen lediglich bei Erlangung eigener Vorteile
zum Luftsprung an.

~

Zum Glück hat er wenigstens seine permanenten Hintergedanken,
sonst stünde er ja geistig völlig nackt da.

~

Vielleicht erlebe ich ihn noch,
den Showdown der Weltverbesserer oder -vernichter.

~

Angeblich lässt sich keiner kleinkriegen und dennoch
tritt die Mehrheit der Leute geistig eher zwergenhaft auf.

~

Die Aphorismen spiegeln Erfahrungen wieder, Enttäuschungen,
sprechen Ausgelassenes an, aber auch das ungewiss Zukünftige.

~

Das Gefängnis: eine typische Zeitfalle.

~

Bisher haute mich noch kein starker Spruch um,
das vermögen wohl doch nur Menschen.

~

Wie seltsam die Welt doch eingerichtet ist:
Überall, wo man hinschaut, sieht man Dinge, die man auch gern besäße.

~

Moderne Künstler haben das Sagen und bedienen den Markt
stetig mit neuen Werken. Einfaches vermag allerdings keiner von ihnen
mehr auszusagen.

~

Gierige Leute wollen am liebsten alles besitzen,
auch wenn sie nicht wissen, was dieses „alles" konkret umfasst.

~

Der Unwissende vermag weder ein Fachliches einzustreuen,
noch seine Bildungslücken exakt oder grob zu umreißen.

~

Gar vieles kann ewig andauern, sogar das Warten.

~

Justitia sieht, hört und spricht nicht,
außerdem verzichtet sie auf Handzeichen.

~

Lebenslang bemühen wir uns um die Schließung von Bildungslücken,
einige Zeitgenossen verschließen lediglich die Augen oder die Tür
vor der Nase eines Hilfesuchenden, und eines Tages
schließt sich für jeden der Sargdeckel.

~

Nicht allen fällt es leicht (plötzlich in Freiheit gelangt),
selbstständig zu leben, mussten sie doch als Sklaven nie selbst denken.

~

Die Menschen nehmen sich alle Zeit der Welt:
Sie haben es nicht eilig und können sich irgendwann in Millionen Jahren
immer noch verbrüdern.

~

Das Leben ist eine ernste Sache!
Ein Drama sollte man dennoch nicht draus machen.

~

Wer nie gezeugt wurde,
kann stolz auf seine Unsterblichkeit sein.

~

Wer fachlich nichts tut,
begeht woanders seine Fehler.

~

Der eigene Platz im Leben ist nicht der auf der Ruhebank.

~

Wer nicht nach Wissenszuwachs strebt,
weiß auch ohne fachliche Kenntnis, was ihm an Substanziellem fehlt.

~

Wer das Elend nicht mehr ersehen kann,
muss mehr als nur ein Auge zudrücken.

~

Mit guten Menschen halte aus und gebiete den bösen Einhalt.

~

Auf einen Nekrolog hat jeder Anspruch,
nicht nur der tote Afrikaner.

~

Mit gepflegtem Aussehen allein
kommt man nicht zu hohem Ansehen.

~

Unfähig, dem anderen in den Magen zu schauen,
kann man das Gute im Menschen nicht sehen.

~

Verbringe mit einem Menschen ein Jahr auf einer Insel
und versuche anschließend, deine Meinung, die du vorher von ihm hattest,
freiwillig zu wiederholen.

~

Zwei, die sich verbissen hassen, sparen sich das Anschreien
und verstehen sich durch Blickkontakt – eben nicht!

~

Mit der Dummheit beschäftigt sich ein Heer von Experten,
doch kann niemand einen akademischen Titel vorweisen.

~

Als einziger Mann in einer Frauenrunde
muss man wenigstens nicht brüderlich teilen.

~

Hans Wurst kenne ich,
doch Hanna Tofu ist mir nicht bekannt?

~

Wäre ich Ägyptologe,
könnte ich zwischen den Hieroglyphen lesen.

~

Komischerweise kann sich keine Bescheidenheit leisten,
wer über gewisse Mittel verfügt.

~

Erst wurden sich die Einheimischen einander fremd,
jetzt kommen die Ausländer und wollen integriert werden.

~

Wollte jemand behaupten,
dass sich die schönen Momente ähnlich den Primzahlen verteilen,
traut er den Menschen nicht zu, solche mit Stil und in Größenordnung
einzufügen.

~

Jeder kocht sein eigenes Süppchen und singt die Lieder so falsch,
wie er für richtig hält.

~

Man glaubt die Mittel genau zu kennen,
um deren Verwendung man weiß.

~

Beim Begehen von Unfug
stellte sich noch nie einer zu dumm an.

~

Wer immer noch an das Gute im Menschen glaubt,
schaute sicher nie bis zum Grund einer Seele.

~

Wer unbedingt zuletzt lachen will, muss genau mitzählen,
ob schon alle anderen dran waren.

~

Eine durchwachsene Situation kann im Rückblick
zur schönen Erinnerung kulminieren, wenn sich nach ihr
eine chaotische Zeit anschloss.

~

Die Esel wissen nicht,
dass auch Menschen zu ihresgleichen gehören.

~

Nicht alle, früher als Jünger und heute als Fans bezeichnet,
dürfen als Anhänger gelten! Einige lassen sich als bloßes Anhängsel
mitschleifen.

~

Eine Entscheidung für's Leben vergisst man nicht über Nacht.

~

Man ist jemandem auf der Spur
und dennoch nicht zwingend auf den Fersen.

~

Haftung kann tatsächlich mit Haft enden.

~

Das Vorbild kennt man lediglich als anonymen Fachmann,
nicht aber als Mitmensch mit Höhen und Tiefen.

~

Erinnern setzt ge-, er- und durchlebter Zeiträume voraus.

~

Durch ein Zuviel des Guten vergisst der Mensch
alle Gefahren und Pflichten.

~

Manchmal kann man sich einfach nicht vom Schreibtisch erheben.
Die Muse küsst und küsst, man lässt sie ihre Arbeit tun und tut die seine.

~

Ich brauche deine Wohltaten nicht,
sehe ich doch übergroß den Schatten der Zinsen.

~

Seit er als Redner tätig ist,
hat er sich das Atmen scheinbar abgewöhnt.

~

Wie gelang es Gott damals, das Licht zu entfachen?
Wo war der Schalter, oder arbeitete er etwa mit Feuerzeug?

~

Die Fehler qualifizieren sich,
wenn wir versuchen, aus ihnen zu lernen.

~

Auf dem Weg zum Erfolg herrscht unter den Vorwärtsdrängenden
ein permanenter Kleinkrieg, wo jeder als Straßenräuber
gegenüber seinen Konkurrenten auftritt.

~

Von den unendlich vielen Zufällen kommen stets gerade die auf mich zu,
welche mir nicht ins Konzept passen.

~

Es wurden schon Leute überfahren,
welche sich fremdem Glück in den Weg stellten.

~

Es können durchaus Leute ein Ass im Ärmel haben,
welche im Hawaiihemd daherkommen.

~

Es gingen schon viele in die Wüste
und verliefen sich letztlich im Sande.

~

Selbst Materialien, die umweltfreundlich sein sollen,
liefern verstreut im Wald ein schlechtes Bild.

~

Stets lohnt sich ein Blick auf und über den Tellerrand,
ehe man interessiert in die Mitte schaut.

~

Schon als Kind beschäftigte er sich mit Puppen und wechselte später
lediglich Format und Spielart.

~

Nicht auszuschließen, dass sich Leute wieder ins Gespräch bringen wollen
und nur deshalb eine neue Theorie veröffentlichen.

~

Mein bisschen Leben verteilt sich auf etwa 90 kg Körpergewicht
und basiert auf nichts anderem – daran allein glaube ich.

~

Wie kam Gott nur darauf,
den Menschen nach seinem eigenen Abbild schaffen,
sieht er sich doch seit Ewigkeiten jeden Tag zur Genüge im Spiegel.

~

Tätig als Muse – das wäre mir nichts!
Den ganzen Tag über küssen, das geht an die Substanz
(nicht nur der Lippen).

~

Selbst wer eine Suppe nur aufwärmt,
kann sie immer noch anbrennen lassen.

~

Gewisse Biographien teilen über die Höhepunkte eines Lebens wenig mit,
eigentlich nur, dass es im Sande verlief …

~

Die stetige Hatz nach neuer Substanz
lässt Ästhetik und Gehalt freilich auf der Strecke bleiben.

~

Die Welt scheint besser als ihr Ruf zu sein
und bleibt doch weit hinter dem ersehnten Ideal zurück.

~

Im Nekrolog ist von Heldentaten die Rede,
welche so nie konzipiert waren.

~

Der siamesische Zwilling eines jeden Menschen
zeigt sich im Geiste.

~

Die Bewohner temporärer Überschwemmungsgebiete
können manches Lied von möglichen Ereignissen singen; nicht nur:
„Kommt ein Vogel geflogen", sondern auch: „Kommt ein Auto getrieben".

~

Jeder weiß um die Möglichkeit, die Bedeutung und Vielfältigkeit
von Denken und Handeln, viele tun sich jedoch schwer mit diesen beiden
Komponenten und erst recht mit den Verknüpfungen.

~

Nähert sich die Lebenszeit auch langsam dem Ende entgegen,
die Pläne werden einfach nicht weniger.

~

Von den geologischen Abläufen kann der Mensch nichts auf sein Tun
übertragen, müssen sich doch gesellschaftliche Entwicklungen
weit schneller vollziehen.

~

In vielen Fällen halten wir lediglich den Zahlenwert
einer hart erkämpften Größe stabil, mehr ist menschlich nicht möglich.

~

Wer nicht um die Wahrheit kämpft,
wird erbarmungslos vom Sog der Ereignisse verschlungen.

~

Das, was man ist, und das, was man kann, sind zwei Seiten
einer einzigen Medaille.

~

Von der Kürze des Lebens wird gesprochen,
und kaum einer lässt sich darüber aus, für welches Tun er
mehr Zeit brauchte.

~

In jedem Aphorismus steckt ein Universum.

~

Zucht und Ordnung deutet stets auf Käfighaltung,
wobei lediglich dessen Dimensionierung variiert.

~

Im letzten Moment verwarf er den Entschluss, zu fasten;
fast hätte er es getan – fast …

~

Gut möglich, dass wir ein Schweigen wahrnehmen,
wenn einer sagt, was er denkt.

~

Eigentlich sollen Gebrauchsanweisungen
eine optimale Verwendung ermöglichen, dabei stiften sie in den meisten
Fällen lediglich nur noch mehr Verwirrung.

~

Ich höre, was du sagst, verstehe es aber nicht!

~

Aus der Talsohle schaut man hoch auf den bisherigen Alltag und stellt fest,
dass man so unglücklich gar nicht war.

~

Um der Angst zu entgehen, hat man zwei Möglichkeiten:
entweder schöpft man Mut oder verliert sich in Gleichgültigkeit.

~

Der Mensch bekennt sich zur ökologischen Trendwende!
Mit voller Kraft schreit er es aus seiner Konsumentenseele.

~

Mit der zweiten Brille sieht man meist besser.

~

Ein Mensch reist zu sich selbst, und das schöne dabei ist:
er muss nicht außer Haus.

~

Die Politiker setzen gesellschaftsverändernde Maßnahmen durch,
die sie in der eigenen Familie niemals als neues Ritual installieren würden.

~

Das klappernde Werkzeug zeigt den tätigen Handwerker an,
die klappernden Zähne einen gewöhnlichen Schüttelfrost.

~

Mit einem beherzten Schrei nach Gerechtigkeit
lassen sich die eigenen unlauteren Absichten gut verstecken.

~

Einige schreiten zur Tat und schauen den anderen – dort angekommen –
doch nur bei der Arbeit zu.

~

Man kann es „zu spät" nennen oder auch
„geschlossenes Zeitfenster".

~

Der Psychologe kann sich zweifach glücklich schätzen:
Er hört sich Probleme an, die er selbst nicht hat
und wird dafür auch noch bezahlt.

~

Unsere Kommune muss sparen: Ab ein Uhr nachts muss jeder,
der noch unterwegs ist, ohne Pfad der Erleuchtung nach Hause finden.

~

Er wechselt seine Freundinnen wie andere ihre Unterwäsche;
mit der letzten war er immerhin sechs Wochen zusammen.

~

Seit gestern hadere ich mit mir:
vielleicht sind wir morgen schon geschiedene Leute?

~

Ein Leben lang sind wir Suchende, manchmal auch Findende,
und das, obwohl wir nur selten etwas verlieren.

~

Pessimisten sind Optimisten, die ihre Ideale vergaßen.

~

Kümmert sich ein Spezialist um die anstehenden Probleme,
läuft alles gleich wieder oder schlagartig gar nichts mehr.

~

Früher war alles besser und das, was schlechter war,
raffte die Leute jung dahin.

~

Des Schwätzers letzten Worten folgt große Ruhe.

~

Qualität hat ihren Preis,
Quantität viel Verpackung.

~

Wer zuletzt lacht, muss auch als erster aufhören,
wenn es anschließend ernst wird.

~

Ohne die Menschwerdung wäre auf Erden für alle Zeiten
kein Geld in Umlauf.

~

Leute, die am Zustand der Welt kein gutes Wort lassen,
können weder Rat geben noch eine Richtung weisen.

~

Die Zukunft der Zukunft lassen wir auf uns zukommen.

~

Letztlich vom geringeren Übel als vermutet betroffen,
kann man immer noch von Glück reden.

~

Befrage im Zweifelsfalle den Pessimisten: Er weiß,
was alles schief laufen könnte und lässt garantiert keine Variante aus.

~

Die Verheirateten haben eheliche Pflichten,
und allen Menschen gemein müssen ehrliche Pflichten sein.

~

Es schaut bei Ebay nach,
wem die zehn Gebote nicht reichen.

~

Kein Tag vergeht ohne Kriegsberichte in der Zeitung:
nicht für jeden erkennbar, denn der Beschreibung nach
fällt da draußen nicht immer ein Schuss.

~

Die Gleichheit aller Menschen wird ein Märchen bleiben,
schließlich weiß niemand, wie sie zu verwirklichen ist
und mit welchen Mitteln zu messen bzw. zu kontollieren.

~

Es kann dem nicht geholfen werden, der erfreut wahrnimmt,
dass ein neuer Band Aphorismen auf den Markt kam, diesen kauft und
gleich anfängt zu „lesen". Auch solche Leute gibt es halt.

~

Der Naive glaubt sich glücklicher als andere
und steht in Wirklichkeit lediglich fahrlässig und ungeschützt den
möglichen Gefahren gegenüber.

~

Mit karitativer Tätigkeit dient man dem bedürftigen Menschen,
während unerkannt oder unsichtbar Abseitsstehende
unbemerkt daran verdienen.

~

Die Chancen stehen gut,
dass C. auf der Suche nach seiner Bestimmung sehr alt wird.

~

Selbst Leute, die auf klinische Reinheit achten,
können unter Umständen nicht ganz sauber sein.

~

Wer hat von meinem Tellerchen gegessen? Nun, ein Teller aus dem Bestand
der Autobahnraststätte könnte von sehr, sehr vielen Personen berichten.

~

Zwischen den Zeilen des eröffneten Testaments
klärt sich manchmal eine lang zurückliegende Straftat auf.

~

Bleiben Pläne und Vorhaben liegen, so kann man halt morgen noch
von vorhandenen Reserven zehren.

~

Fehler, die einem Genie unterlaufen,
kann ein Normalbürger in dieser Form nicht begehen.

~

Wendet man sich endlich einem mehrfach Aufgeschobenem zu,
so tut man ein völlig anderes, als ursprünglich gewollt.

~

Es kennt wohl jeder diverse Leute, die mit ihrer unsterblichen Seele
viel Wirbel in die Unendlichkeit brächten.

~

Viele der Leute, die ihre Werte hoch halten,
prosten sich lediglich zu.

~

Wer gegen andere nichts hat,
schloss lediglich die Wahl der Waffen noch nicht ab.

~

Als Jugendlicher war er in allem nicht zu bremsen und heute
bemüht er sich sowohl amtlich als auch privat um einen späten Ausgleich.

~

Geht die Welt zugrunde, hat man einen zusätzlichen Grund,
nicht mehr vor die Tür zu gehen.

~

Die zwölfte Elfe – eine Frau mit Überhangmandat.

~

Dieser Spruch mit den schlafenden Hunden
ist allgemein bekannt und ich verrate ein offenes Geheimnis,
wenn ich behaupte, dass es sich mit schlafenden Frauen
nicht anders verhält.

~

Die Zukunft kommt mit leeren Händen daher!
Wir müssen alles Notwendige aus der Vergangenheit mitbringen.

~

Selbst dem am Spieß bruzzelnden Spanferkel muss man zugestehen,
dass es Karriere macht, sprich: letztlich in aller Munde ist.

~

Die Zukunft bringt den Menschen nichts,
sondern stellt lediglich Zeit, Raum und Materie zur Verfügung,
so wie sie es immer tat.

~

Die Ansichten gewisser Leute muss man nicht im Detail kennen
und ist froh, wenn sie woanders ihre praktischen Kreise ziehen.

~

Wir sollten über möglichen Reichtum reden,
jedoch das Geld mit all seinen Äquivalenten aussparen.

~

Nicht alle, die in der Wanne trällern und dennoch darauf verzichten,
sich als Sänger zu bezeichnen, dürfen als bescheiden gelten.

~

Fußballbegeisterte rücken Scheinprobleme in den Mittelpunkt
und Nationalstolz schwappt gefährlich über; zu wenige erkennen,
dass es auch hierbei um uns alle geht.

~

Nicht immer nimmt der Außenstehende wahr, womit er konfrontiert wird,
wenn jemand das Synonym eines Gebets verrichtet.

~

Die Frauen sind keine fremden und geheimnisvollen Wesen,
aber die Männer verstehen sie leider meist schlecht und nie völlig.

~

Menschen, denen man misstraut,
traut man im Grunde alles zu.

~

Nicht wenige würden gern ein aus ihrer Sicht Neues installieren,
das notwendige Opfer mögen bitte schön andere bringen.

~

Äußerst bedenklich erscheint,
wenn sich einer in seine eigenen Ansichten verliebt.

~

Ob nun einer ein Theater leitet oder Präsident des Staates ist:
Theater ist und gibt es allemal.

~

Das was in der Zeitung steht,
ist nichts anderes als die Kritik am Welttheater.

~

Fast über Nacht kündigte der Mensch den Kreaturen die Freundschaft,
mit denen er über viele Jahrtausende zusammen evolutionierte.

~

Mit jedem, der stirbt,
geht der Welt in irgendeiner Form ein Kritiker verloren.

~

Alle geben sich permanent beschäftigt,
aber wie selten bekommt man Ergebnisse zu sehen.

~

Eigentlich wird so viel geredet, dass der Eindruck entsteht,
der Mensch sei auf der Welt, um nichts anderes zu tun.

~

Um wahrhaft Mensch zu sein,
bedarf es mehr als nur der charakteristischen Anatomie.

~

Mit der allgemeinen Moral steht es nicht zum Besten,
und das nicht nur im Zusammenhang mit Zahlungen.

~

Sollte uns eines Tages die Vergangenheit einholen,
werden wir schlagartig und äußerst schmerzhaft damit konfrontiert,
dass wir nie ernsthaft Richtung Zukunft unterwegs waren.

~

Niemand geht gern zur Trauerfeier eines Schulkollegen,
doch das Schicksal fragt nicht danach. Die ehemaligen Freunde werden
weder ewig leben, noch irgendwann gemeinsam sterben.

~

Besonders schwer tut man sich mit den Versprechen,
die man sich selbst gab. Niemand kann etwas bezeugen
und keiner ist zugegen am Tag der Abrechnung.

~

Niemand hat Zeit, alle wollen nicht etwa gleich, sondern sofort:
auch das ist Ausdruck einer falschen (Er)wartung.

~

In seinen letzten Lebensjahren sah er nicht gut aus,
später als Denkmal keinesfalls besser, aber am schlechtesten,
nachdem die Tauben ihr Werk verrichteten.

~

Er vergriff sich im Ton und greift das nächste Mal sicher wieder daneben.

~

Zu sehr an ein Leben mit Manipulation und Lüge gewöhnt,
möchte niemand mehr die Wahrheit wissen oder auch nur daran erinnert
werden, dass sich alles ganz anders verhält, als täglich verkündet.

~

Wer mal für sich sein will,
der schwebe im sechsten Himmel – da ist er garantiert allein.

~

Wir müssen stark sein – nur so können wir das erstrebte Geld
nach Erhalt wegschleppen.

~

In Tätigkeit an den Erfolg glauben: das ist Hoffnung.

~

Der Feuerwehrmann trägt dienstlich öfter mal eine Frau auf Händen,
ohne sie gleich heiraten zu müssen.

~

Was gut ist für ihn, das gibt ihm niemand (und gratis schon gar nicht).

~

Ein allgemein als hässlich bezeichneter Mensch
nimmt sicher nie an einem Schönheitswettbewerb teil,
doch ansonsten stehen ihm alle Wege offen.

~

Eines Tages – in einer fernen Zukunft –
wird gegenseitige Hilfeleistung zur Selbstverständlichkeit.
Gern würde ich wenigstens den Beginn dieses Prozesses sehen
und an ihm teilhaben.

~

Auf dem Standesamt gaben sie sich noch optimistisch das Jawort,
alles Folgende wickelten sie ohne Lächeln auf dem Gesicht ab.

~

Viel passt nicht in die geschlossene Hand,
ein gegen jemanden gerichtetes Etwas könnte es jedoch allemal sein.

~

Viele der nur scheinbar Guten behalten ihr Ziel vor Augen,
während die Gesichtsmaske zuverlässig ihr Face verdeckt.

~

Aus Misserfolgen lernt man,
schon deshalb sollte man sich am Unmöglichen beherzt versuchen.

~

Wem die läutenden Kirchenglocken keinen religiösen Hinweis geben:
die Zeit verraten sie ihm dennoch.

~

Das Tier im Menschen sehe ich ausschließlich als evolutionären Schatten
und lehne jeglichen gesellschaftlichen Bezug konsequent ab.

~

Viele Millionen Jahre lang barg der Gesteinsbrocken
zuverlässig und bewahrend ein Fossil; dann kommt ein Mensch,
schlägt diesen auf und wirft ihn unzufrieden mit dem Inhalt auf Halde.

~

Ein Mensch ohne Charakter
wird die Talsohlen seines Lebens nicht gestärkt durchschreiten.

~

Im Leben spielt man mehr als nur eine Rolle,
trotzdem ist manchmal alles nur Theater.

~

Besucht man ein Land mit inflationärer Währung,
bekommt man in der Wechselstube für einige Scheine aus der Heimat
einen Eimer Papier im Tausch, ohne für seine Devisen
mehr Geld in der Tasche zu haben.

~

Alle Menschen werden mit den Jahren erfahrener,
jedoch nur wenige vernünftig.

~

Gegenseitiges Einvernehmen (das): vielleicht gingen die zwei
nur mal zusammen essen.

~

An entlegensten Geländestellen verraten die verstreuten Abfälle,
dass irgendwann schon einmal Menschen da waren.

~

Die Äußerung hölzerner Worte:
Mehr ist als Dankbarkeit oft nicht drin.

~

Auch die Dummheit heftet sich dem Moos gleich an nackte Substanz,
verfügt allerdings über Wurzeln.

~

Mit der Zahlung vieler kleiner Steuerbeträge
erhält das gemeine Volk ein ganzes Land am Leben, während die Großen
mit ihrem Milliardenbesitz Staaten im Staate verkörpern.

~

Das pedantische Pferd kotzt in die Apotheke.

~

Eine Kindheit als solche gibt es nicht mehr!
Ab dem ersten Schrei gilt heute jeder als Konsument.

~

Welch ein Genuss,
wenn der Wegbereiter noch ein Stück als Wegbegleiter mitzieht.

~

Es genügt nicht zu wissen, dass die Wahrheit in irgendeiner Form existiert.
(Einigen Leuten wohl aber doch!)

~

Am Ende allen Abwägens muss man sich manchmal eingestehen,
mit falschen Maßen und Gewichten hantiert zu haben.

~

Nachhilfe offenbart nicht selten chronische Unfähigkeit.

~

Den Mutigen gehört die Welt, sprich:
einigen furchtlosen Guten und vielen, vielen
beständig vorwärts drängenden Bösen.

~

Fast alle krampfhaft nach einem Sinn des Lebens Suchenden
sind unfähig, ein kompromisslos angepeiltes Streben zu einem
erstrebenswerten hochgesteckten Ziel in ihrem Dasein
kulminieren zu lassen.

~

Die Finanzmärkte sind gesättigt mit faulen Krediten,
ohne dass der Laie über Möglichkeiten verfügt,
den Geruch von Zersatz und Gammelfisch zu bemerken.

~

———

Der Gipfel jeglicher Überspitzung wäre wohl erreicht,
wollte jemand aus der Gesamtmasse allen irdischen Wassers
auf eine mögliche Anzahl an Regentropfen schließen.

~

Der alleinige Mitläufer kann als geistig tot gelten
und das bereits viele Jahrzehnte vor seinem Ableben.

~

Meine Tage möchte ich mit Taten füllen,
weder ihre Gesamtzahl wissen noch verflossene zählen.

~

Denkt man über die eigene Würde nach,
sind schon nach wenigen Augenblicken die Argumente
kaum noch überschaubar.

~

Manch einer nimmt sich, was er glaubt zu brauchen,
und gibt sich dabei ungeschminkt so, wie er eben ist.

~

Beständig das Handy am Ohr, haben sich die Menschen viel mitzuteilen,
jedoch kaum Wesentliches zu sagen.

~

Die Dame ohne Unterleib ist ab durch die Mitte.

~

Es kämpft ein Prominenter laut Medien tapfer gegen sein Leiden,
während in der Provinz täglich einfache Leute genau diesem
unbeachtet erliegen.

~

Bei weitem nicht alle Raucher bevorzugen Camel,
aber alle Menschen, die rauchen, sind Kamele.

~

Hundertjährige (die): Nestoren der Ü-30-Generation.

~

Ein Großteil des sogenannten gesicherten Wissens
darf als archiviert und praktisch unzugänglich eingemottet gelten.

~

———

Um all die Freiheiten zu verwalten, die er einfordert,
bräuchte mancher einen Schreibtisch und müsste eigentlich
eine Sekretärin einstellen.

~

Jeder zeigt, hoch aufgerichtet, die Größe seines Körpers,
viel zu wenige, praxisorientiert denkend, die ihres Geistes.

~

Man pocht auf sein Recht, bekommt es auch und bleibt hartnäckig
darauf sitzen mangels Verwendungsmöglichkeit.

~

Man tut, was man kann? Aha!
Also deswegen verharren so viele Leute regungslos!

~

Sollte in der Ruhe tatsächlich die Kraft liegen,
dann müsste ich ja schlafend am produktivsten sein.

~

Viele verlangen heute mehr von den reiferen Lebensabschnitten
als nur einen zweiten Frühling.

~

Die Moral gehört heute zu den wenigen Dingen,
die man sich gerade so leisten kann.

~

Hat sich die Regierungsmannschaft endlich konstituiert,
sieht sich das Volk einer so nicht gewählten Struktur unterworfen.

~

Mit perfekten Menschen könnte ich nicht arbeiten:
entweder sind sie verrückt oder ich werde es gleich zu Beginn.

~

Eigene Erfolge und Niederlagen stehen gleichauf im Ranking.
Man ist angehalten, daraus unaufhörlich seine Lehren zu ziehen.

~

Beethovens Symphonien schenken mir Kraft und fördern die Inspiration,
freilich nicht die Fähigkeit und den Mut, Eigenes zu komponieren.

~

Wie oft schon ging ich in den Wald;
nie traf ich dort den Räuber, der mir etwas nahm,
doch stets die Muse, die mir so viel gab.

~

Wir Freunde drücken jedes Wochenende die Daumen,
dass C. nicht im Lotto gewinnt; zehn Tage darauf hätte er sich tot gesoffen.

~

Es nehmen die Leser zwischen den Zeilen Informationen wahr,
die der Autor dort gar nicht platzierte.

~

Mit dem Zusammenbruch des Ostblocks
begann scheinbar die Auflösung der Welt. Dem aufmerksamen Bürger
drängt sich die Erkenntnis auf, dass nach und nach offenbar alle
gesellschaftlichen Strukturen von der Klippe springen.

~

Im Allgemeinen rechnet man natürlich mit einer Gesamtheit
funktionierender gesellschaftlicher Strukturen und möchte gar nicht
wissen, was alles der Ansicht halber ausgestopft herum steht.

~

Um glücklich zu sein, muss man lieben:
Frau, Kind, Hund und vieles mehr ließe sich benennen, nur leider
wird oft die Liebe zum Detail vergessen bzw. kommt entscheidend zu kurz.

~

Unsere Suche ist noch lang nicht abgeschlossen,
nicht die des einzelnen Individuums und erst recht nicht
der Findungsprozess der gesamten Menschheit.

~

Wenn jemand das eine nicht Gott nennen mag und das andere nicht Liebe,
mit seinen Konstrukten jedoch konfliktfrei durch's Leben kommt,
nun, dann ist es eben so.

~

Wir kommen wieder und … bringen neue Ideen mit!

~

Die Marotten eines Menschen, der sich erfolgreich einzubringen weiß,
werden fast unsichtbar.

~

Wer sich in seinen Ansichten vergräbt, glaubt,
die Epoche, welche ihm so viel bedeutet, konserviert zu haben.

~

In den Zeitungen steht vieles geschrieben und man kann
mit gutem Gewissen davon ausgehen, dass ein Drittel
tatsächlich der Schilderung entsprechend geschah.

~

Ich bilde mir ein, zu jung zu sein,
um heute bereits als alt zu gelten.

~

Früher war die Nahrungsherstellung viel enger
mit Feld und Stall verknüpft, heute ist für fast alles
der Lebensmittelchemiker zuständig.

~

Es verknüpft sich Fluch und Segen mit dem Sterben von letzten
Zeitzeugen: einerseits verschwinden endlich die übrig gebliebenen
unbelehrbaren Hardliner, doch mit ihnen auch
die unnachgiebigen Mahner.

~

Zu den Bildungslücken gehört unbedingt die Kenntnis der eigenen.

~

Im Allgemeinen gilt der Fliegenpilz als Symbol des Glücks,
was ja auch zutreffen mag, so lange man vom Verzehr absieht.

~

Bei den Berichten aus den USA fällt mir immer wieder auf,
dass die Frauen dort, welche unter 150 kg wiegen,
durchaus als Grazien der Nation gelten dürfen.

~

Aus den zehn oder zwölf Bänden des Gesamtwerkes eines Menschen
lässt sich bei Weitem nicht alles über diese Person ableiten.

~

Was sie dachte und aufschrieb, lässt sich abgedruckt nachlesen,
die Lebensweise kommentieren Freunde und Kritiker.

~

Der eine Mensch kommt einfach keinen Schritt weiter,
der andere geht immer wieder einen zu viel des Guten.

~

Man kennt sich freilich, doch beim Erkennen wird's eng.

~

Löste die Bundeswehr die Schweizer Garde im Vatikan ab,
so würde das gar nicht auffallen. An die Rituale
gewöhnten sich die Soldaten schnell und die Ausrüstung
ist ohnehin fast die gleiche.

~

Jede Weltgegend besitzt mittlerweile ihren Rubikon: trübe, verseucht
und Miasmen verbreitend. Nun wagt sich die Menschheit
an die Vermüllung der Weltmeere.

~

Die heutigen Senioren kennen noch den Begriff „Gnadenbrot".
In fünfzig Jahren wollen die Alten nicht auf gewohnte Nahrung verzichten
und verlangen Fastfood auf dem Speiseplan des Heimes.

~

Die Wahrheit fürchtet nicht,
wer keine Konsequenzen zu erwarten hat.

~

Den alten Schriften lässt sich noch weit mehr Information abringen
und als Ausrede gilt nicht, dass beständig neue nachrücken.

~

Jeder Mensch tut beständig ein Gutes: der eine karitativ,
ein anderer egoistisch, für den Eigenbedarf.

~

Ja, es gibt sie, die halbblinden oder unfähigen Jäger,
die entweder nicht mehr oder nur allein auf Pirsch gehen sollten,
eben dem angeschossenen Freiwild geschuldet.

~

Für jede Bindungsangst existiert ein passender Klebstoff.

~

Das Scheitern eines Projektes stellen Leute fest, welche von Anfang an nur
daneben standen und den anderen beim Arbeiten zuschauten.

~

Die Kehrseite der Medaille
weist die Metallscheibe auch nicht als Zahlungsmittel aus.

~

Der Zuwachs an Wissen und Erfahrung
schafft nicht automatisch eine tragfähige Basis zur Selbsterneuerung.

~

Bei der persönlichen Wahl zwischen Pessimismus und Optimismus
sollte man auf der Suche nach unterstützenden Argumenten und fachlicher
Hilfe nicht unbedingt Rat in Geschichtsbücher suchen.

~

Idee (die): das auskristallisierte Ergebnis einer Gedächtnisleistung.

~

Dass der Mensch im Einklang mit der Natur lebt,
scheint seit Langem vorbei. Durch kakophonisch Einflüsse existiert
keine gemeinsam getragene Symphonie mehr.

~

Manchmal denkt man, dass die Verrücktheit keine Steigerung mehr zulässt,
aber dann kommt da hinten doch noch einer gelaufen
mit einem alles erweiternden Argument.

~

Es ist unmöglich, der Welt ein schlechtes Zeugnis auszustellen,
ohne sich selbst zu benoten.

~

Die alten Schriften geben noch viele weitere Informationen frei,
doch sollten wir sie nur nach sorgfältigem Abwägen
weltanschaulich nutzen.

~

Der Bäcker meines Vertrauens: ein Halbgott in Weiß.

~

Traue keinem Autor, der behauptet,
seine Werke seien weit größer als er selbst.

~

Mancher glaubt logisch zu denken und bewegt sich tatsächlich
auf Bahnen von längst widerlegtem Unsinn.

~

Am Morgen nach der großen Feier sind die meisten noch nicht ernüchtert.

~

Auch wer keine Suppe mag, kann ein Haar auf seinem Teller finden.

~

Mit dem Etablieren von Kunst und Technik
gelangen der Menschheit gute Würfe zum Wohle der Gesellschaft,
freilich mit gewissen und allgemein bekannten Abstrichen,
aber vielleicht höher bewertbar als die Ergebnisse,
welche das Ringen um moralische Werte erbrachte.

~

Durch Verwirklichung sämtlicher Aphorismeninhalte
ließe sich ein Paradies installieren, in dessen Nischen
die Widersprüche allerdings heftig wogten.

~

Vielen Aphorismen sieht man überdeutlich an,
dass ihre Erzeuger über ein hohes Maß an Wissen verfügen
oder ein solches herzlich gern besäßen.

~

Was sich allgemein „Tag der offenen Tür" nennt,
könnte theoretisch auch Leute fernhalten, statt sie hereinzubitten.

~

Auch wenn man die Zweifler mit ins Boot holt,
beruhigt sich da draussen nichts – darüber hinaus verdirbt man sich
das Bordklima.

~

Den Klassikern wird nicht gerecht,
wer ihre Werke und Gedanken grundsätzlich als antiquiert ansieht.

~

In der großen Welt verlieren sich die Taten des Einzelnen,
nicht aber seine Wünsche. Wer die Selbsterlösung plant,
kommt nicht umhin, den umgebenden Zustand abzulehnen
und einen – warum auch immer favorisierten – anzustreben.

~

Am Ende musste Lance Armstrong bedingungslos zugeben,
das Radfahren doch nicht neu erfunden zu haben.

~

Die Politiker werden nichts gegen die Bildungsmisere unternehmen
und verweisen im Zweifelsfall auf die Hakenschläge
innerhalb der eigenen Karriere.

~

Ein Mensch,
der seine nächsten Schritte erst langfristig überdenken muss,
kann nicht viel wert sein.

~

Naturgesetze halten die Welt zusammen und das Geld
die menschliche Gesellschaft.

~

Allein schon an den Böcken, welche ich im bisherigen Leben schoss,
ermesse ich, kein Genie zu sein.

~

Manchmal tritt jugendlicher Leichtsinn als Altersnarrheit
noch einmal hervor.

~

Handlungsbedarf herrscht in jeder Ecke,
aber der Mensch pocht auf seine Freiheiten.

~

Was dem Menschen an die Nieren geht,
berührt ihn nicht zwangsläufig auch seelisch.

~

Auch ohne Bart und Brustbehaarung stehen die Frauen ihren Mann.

~

Wer längst die 50 überschritt und immer noch nicht dazu lernte,
gehört keineswegs zu den Junggebliebenen.

~

Bei all den Böcken, die er im Leben schoss, muss man sich wundern,
dass sich in Wald und Flur überhaupt noch ein Tier regt.

~

Egal, was Konfuzius gesagt hat,
beim Letzten kommt es ohnehin nicht an.

~

Johann Wolfgang von Goethe und Wilhelm Busch
sind in keinster Weise miteinander vergleichbar, doch möchte man beide
nicht im Bücherregal missen.

~

Skurrile Lebenseinstellungen platzieren sich ja nicht einfach so in der Welt,
gewisse Leute verbringen ihre Jahre mit grundsätzlicher Orientierung
an solchen und man fragt sich, wie sie es nur machen.

~

Vom Begriff der „entarteten Kunst"
haben wir uns hoffentlich für immer verabschiedet,
eine „verfehlte" sollte dennoch im allgemeinen Vokabular verbleiben.

~

Zu meinem Leidwesen kann ich das Reich der Träume
nicht mit Notizbuch betreten.

~

Man kann gut damit leben, andere für dümmer zu halten,
als man selbst ist, mit dieser Einstellung allerdings nichts bewegen.

~

Der Atheist glaubt an die Wunder der Wissenschaft.

~

Man erwischt sich selbst bei einer Dummheit und glaubt,
sie geheim halten zu können, hat jedoch nicht mit der sich bewegenden
Gardine am Fenster des Nachbarhauses gerechnet.

~

Deine Ideale minus dein Streben nach Geld und Ansehen:
so viel Gutes steckt in deiner Seele – was könnte im Idealfall daraus werden?!

~

Mit null Ahnung ein Gutes gewollt und überstürzt begonnen:
jeder kann sich denken, dass da die Katastrophe vor der Tür steht.

~

Nicht mehr so lange hin, und die sexuelle Aufklärung geschieht
praxisbezogen: ganze Kindergartengruppen oder Schulklassen
besuchen dann Genlabore und lassen sich dort zeigen,
wie Nachwuchs gemacht wird.

~

Wenn die Leute wirklich so schlecht sind,
wie einige Zeitgenossen behaupten, dann frage ich mich,
welche Kraft ihrer Meinung nach die Weltgemeinschaft zusammenhält.

~

Die Welt rückt zusammen und auch wir sollten diesem Prozess nicht
abweisend gegenüber stehen, was aber keineswegs heißt, dass wir uns
auch mit Scharfmachen und ihre Theorien arrangieren.

~

„Wenn X. das noch erlebt hätte!" – so oder in ähnlicher Form
hört man Leute oft reden. Nun, er erlebte es nicht mehr,
aber man kann davon ausgehen, dass er mit seinem letzten Atemzug
noch einmal optimistisch zurück und nach vorn blickte.

~

Wer sich aus allem raus hält, muss ja doch zwangsläufig
irgendwo drin stecken.

~

Wie kann einer glauben,
ohne einem Menschen zu vertrauen?

~

Großmut, Anmut, Demut oder einfach nur Mut – es gibt Leute,
die verzichten auf alles und noch mehr, kommen aber dennoch
durchs Leben.

~

Es wäre zu einfach, wollte man behaupten,
nur Leute vom Format eines Strichmännchens seien vom Leben gezeichnet.

~

Ausschließen kann niemand, dass der schlimmste Fall der Fälle eintritt:
man geht nichtsahnend in den Keller und stellt entsetzt fest,
dass kein Bier mehr im Hause ist!

~

Es besteht kein Grund,
auf sein gutes Recht mit einem schlechten Gewissen zu pochen,
sofern man eben nur auf genau dieses besteht.

~

Wer andern eine Grube gräbt,
könnte Chefausgräber des Archäologenteams sein.

~

Intelligent ist,
wer alle Facetten der eigenen Dummheit genau kennt.

~

Wer sich seinen Teil denkt, wird schon ausreichend Gründe besitzen,
nicht das Ganze überblicken zu wollen.

~

Den Betroffenen fällt gar nicht auf,
dass sie die Pfade der Tugend verlassen haben und werden,
wenn man sie darauf anspricht, echt stinkig.

~

Gewissen Leuten traut man alles zu,
verliert allerdings kein Wort über die Qualität des so Verursachten.

~

Auch auf dumme Fragen
wurden schon intelligente Antworten gefunden.

~

Das Leben ist nicht Jeopardy,
auch wenn hier die Antwort manchmal wie eine Frage klingt.

~

Gott mit uns
und nach uns die Sintflut!

~

Nach jahrelangem Rechtsstreit kommt der Wille,
einen Vergleich anzustreben, eventuell dadurch zustande,
dass die Parteien erkannten, dass sich nur so der Ruin aller Beteiligten
abwenden lässt.

~

Auch in unserer modernen Zeit existiert am Taschenrechner
keine Funktion, unter deren Zuhilfenahme effektiver
mit dem Schlimmsten gerechnet werden kann.

~

Alle schlechten Angewohnheiten
zeichnen sich durch eine lange Haltbarkeit aus.

~

Wer von seinem Glück berichtet,
wählt das bestmöglichste Mittel, um Hass und Neid auszusäen.

~

Während die Hälfte der Leute noch den eingetretenen Zufall bewundert,
hat der Erste schon eine Geschäftsidee.

~

Wer starrsinnig irre geht,
schenkt den mahnenden Wahrheiten am Wegesrand keinen Blick.

~

Tritt lieber einen Schritt zurück, wenn einer die Ärmel hochkrempelt
und gleich sein Menschenmöglichstes tun wird.

~

Was selbst der NSA nicht bekannt ist,
das kann nur der Teufel wissen.

~

Die Medien berichten von Unruhen auf den Straßen der Hauptstadt,
wo sich Menschen hervortaten, die keineswegs frei von Schuld sind,
und trotzdem, wenn nicht gerade deshalb, den ersten Stein
und viele darauffolgende warfen.

~

Fette Fische fraßen Fischers Fritze.

~

Die modernen Reisemöglichkeiten verkleinern die Welt nicht unerheblich,
halten doch Leute öffentliche Vorträge über ihren Urlaub in den
exotischsten und abgelegensten Winkel der Erde, grade so,
als berichteten sie in Wort und Bild
vom letzten Betriebsausflug.

~

Die begrenzte Verweildauer auf dieser Welt
darf niemandem als Argument dienen, seine Lebenszeit
völlig nach Gutdünken abzuwickeln.

~

Denken ist kein Werkzeug, das sich abnutzt,
oder ein Medium ähnlich dem Geld, welches begrenzt vorhanden ist;
es besteht also kein Grund, damit zu sparen.

~

Der Konsument beurteilt die Macher,
als seien sie ihm beständig untertan.

~

Suchen und Finden sind die großen Schlagworte,
um die eine eigene Industrie mit spartenbezogenen Bedarfsartikeln
existiert, Seminare und Kurse stattfinden, aber zu selten Ergebnisse
an die Öffentlichkeit gelangen, welche allgemein nutzbar sind.

~

Wer schlägt, der sündigt.

~

Wollten wir der Werbung alles glauben,
dann nähmen wir an, es existierten nur gesunde und zufriedene Menschen.

~

Lügt einer sehr glaubhaft,
so vermag er – nah an die Realität angelehnt –,
eine Unwahrheit zu verbreiten, oder schildert eine Alltäglichkeit,
welche unbemerkt von allen schon seit langem
nicht mehr seriös besetzt ist.

~

———

Aphorismen verkörpern die kleinste Einheit einer Verkettung
von Vokabeln, die als Satz einen allgemeingültigen Sinn ergeben.

~

Einige Menschen benehmen sich wie Schweine,
entgehen jedoch (zumindest in diesem Leben) dem Schicksal,
geschlachtet zu werden.

~

Geburtsurkunde (die): eine zeitlich begrenzte Aufenthaltsgenehmigung,
gültig nur für diese Welt.

~

Wer kurz zurück möchte in eine andere Zeit, hin zu ihren Ereignissen,
der muss sich erinnern.

~

Manch Aphoristiker schreibt immer und immer wieder
beständig nur vom Tod. Hoffentlich spricht er wenigstens zu Hause
ab und an über ein anderes Thema.

~

Über viele Gefahren triumphiert man nicht,
sondern kommt gerade so mit heiler Haut davon.

~

Wenn es zu spät ist, kommt man dahinter,
mit welchem Inhalt man die Jahre besser hätte füllen können.

~

Krisenbedingungen stellen auch Chancen dar,
freilich nicht für all jene, welche zwangsläufig auf der Strecke bleiben.

~

Menschen, die sich nicht zum Handeln entschließen können,
sind zum Erdulden verdammt.

~

Ein ehrgeiziger Mensch macht das Unmögliche möglich,
indem er schafft, was ihm viele nicht zutrauen
und nur wenige andere erreichen.

~

Jedes Jahrzehnt wird geprägt von einer oder mehreren überragenden
Persönlichkeiten. Nicht immer handelt es sich um Politiker,
selten um Maler, gelegentlich um Schriftsteller und in einigen Fällen
auch um Philosophen.

~

Mit dem Triumph des Computers
bekam die Spieltheorie den praktischen Part zur Seite gestellt.

~

Während der gesamten Schulzeit kämpfte er mit ernsten Schwierigkeiten;
sie holten ihn viele Jahre später ein, als er in den Bundestag gewählt wurde
und dort tatsächlich bis zur Verrentung sitzen blieb.

~

„Jeder ist ersetzbar!" Wer diesen seit langem bekannten Satz
einst in die Welt setzte, teilte nur die eine Hälfte mit, die andere heißt:
„… als Handlungsträger wohl, nicht jedoch als Mensch!"

~

Immer neue Rekorde und Bestmarken in den ausgefallensten Disziplinen;
alle jubeln und niemandem fällt auf, dass keinem dieser Wettkämpfe
und Höchstleistungen irgendwelche Kultur innewohnt.

~

Es schweigt der Weise, welcher um die Brisanz seiner Antwort weiß,
aber auch der Zeuge, obwohl er alles sah.

~

Einem Menschen gehen vielleicht eher die Ideen aus
als die Irrtümer.

~

Wer die Kultur zum Handelsgut erklärt,
der verheizt sie.

~

Die Sonne spendet Licht und Wärme,
um mit dem Wachsen von Bäumen und Blumen der Welt einen Zauber
zu verleihen. Der Mensch wirft die Kettensäge an und startet den Bagger,
auf dass er der Erde die Magie nehme.

~

Selten nur bleibt ein junges Glück bestehen und wächst
über die Jahrzehnte zu einem knorrigen Baum mit breiter Krone heran.

~

In die Liebe investieren viele, denken dabei jedoch keineswegs
in poetischen Bahnen, sondern haben nur einiges Wenige im Visier.

~

Der wertlose Antipode der Beredsamkeit: das Schwätzen!

~

Ohne die angeheizten Ausuferungen der Eitelkeit
fände der Verbraucher weit weniger Produkte auf dem Markt.

~

Zu Kaisers Zeiten
verwendeten die Menschen über Jahrzehnte dasselbe Lexikon;
heute undenkbar, wo das nie zu Ende bearbeitete Wikipedia unangefochten
über allen Formen von Nachschlagewerken thront.

~

Früher saßen die Verrückten in Anstalten – in der Moderne
verteilen sie sich auf die Gesamtbreite der Gesellschaft.

~

Die Forderung nach Anhäufung von noch mehr Wissen bleibt sinnfrei
ohne die Eröffnung neuer Wege der Anwendung.

~

Wer den Einblick nicht zum Durchblick zu steigern versteht,
wird definitiv scheitern.

~

Herr, Kenner und Lenker seiner Gedanken muss man sein,
nur dann entsteht primär ein vernünftiges Theoretisches.

~

Man muss ja nicht gleich wie Phoenix aus der Asche steigen.
Viel gekonnt hat bereits, wer morgens zeitig aus dem Bett kommt.

~

Man geht zu Bett, schließt die Augen und muss feststellen,
dass die Jalousie vor den Gedanken klemmt.

~

Alles, was der Staat in Privathand übergibt, überlässt er der Spekulation.
Wie jedoch sollte der vorher praktizierte Umgang damit
bezeichnet werden?

~

Wir sollten weit mehr wahrnehmen als die Gräber der Altvorderen,
nur so behalten wir ihre Erfahrungen im Blick.

~

Bevor wir an das Sterben denken,
müssen wir unsere Geschäfte ordentlich abwickeln,
was viele Jahre und Jahrzehnte beansprucht.

~

In deutschen Landen gibt es keine Stasi mehr,
doch was da analog mit welcher Kompetenz am Werke ist,
das verschweigt man uns hartnäckig.

~

Wird man gefragt: „Wie geht es dir?",
folgt meist ein schneller Griff in die Lügenkiste.

~

Die Menschen glauben, frei zu leben,
und sehen die gesellschaftlichen Regeln lediglich
als vernachlässigbares Beiwerk an.

~

Auch wenn der Mond selbst nicht scheint,
unscheinbar hängt er keinesfalls am Himmel.

~

Schreitet jemand zur Tat, gibt es zwei Möglichkeiten von Polarität:
Man muss zweimal hinschauen, ob Original oder Fälschung vorliegt
und kann sich dann immer noch nicht völlig sicher sein.

~

Eine Steuersenkung, kostenloser Schnaps und Einkaufsgutscheine
unter das Volk gestreut, und jede Revolution kann als abgewürgt gelten,
da alle glauben, sie sei von Erfolg gekrönt und jede Forderungen erfüllt.

~

Meldete sich die Triebfeder des Hahnes nicht periodisch zu Wort,
stünde auf unserem Tisch kein Frühstücksei.

~

Denkbar, dass es Personen gibt,
die tatsächlich alle nur denkbaren Hebel in Bewegung setzen,
um in einem bestimmten Kreise als Gutmensch und Gönner dazustehen.

~

Die meisten Irren laufen frei auf der Welt herum,
leben also doch in einer geschlossenen Anstalt.

~

Wer an sich selbst zweifelt, kann immer noch argumentieren,
dass kein anderer zur Verfügung stand.

~

Wissen ist Macht, und das nicht nur im Fachgebiet.

~

Die Freunde von C. müssen erst noch geboren werden.
Man läuft durch die Stadt und bekommt ein ungutes Gefühl,
wenn Schwangere vorbeikommen.

~

Wollte man Tugenden und Untugenden tabellarisch gegeneinander stellen,
wäre man auf der einen Seite schnell fertig und müsste auf der anderen
mehrfach Papier anbauen.

~

Es bleibt nur, dem anderen zu raten, ihn zu warnen.
Vor wem er sich letztlich hütet, bleibt ihm selbst überlassen.

~

Unsere Welt ist derart verwanzt – man kann davon auszugehen,
dass alle Gebete erhört werden, wenn auch nicht vom gewünschten
Empfänger.

~

Komischerweise hängt der Futterkorb der Normalbürger weit oben
und nicht jener, der die hohen Tiere nährt.

~

―――――

Auch wenn die Politiker ein gutes Deutsch reden – verstehen
kann ich sie oft nicht.

~

Am Anfang war das Wort und das letzte ist noch nicht gesprochen.

~

Jeder malt sich die Welt, so wie sie ihm gefällt;
das Pippi-Langstrumpf-Prinzip findet also weltweite Anwendung.

~

Wie verkraften eigentlich Menschen, die nicht verlieren können,
den Verlust ihrer Unschuld?

~

Wer undeutlich spricht,
wird in zweifacher Hinsicht nicht verstanden.

~

Theoretisch kann niemand ein so verbohrter Optimist sein,
dass er annimmt, über ihm schwebten lediglich die Wolken;
wie gesagt: theoretisch!

~

Es rächt sich schwer, wenn die Fragen von morgen die heutigen sind,
welche man gestern schon fahrlässig aufschob.

~

Als armselig muss gelten, wer seine Phantasie lediglich nutzt,
um Lügen zu erfinden oder auszuleben.

~

Wer sich keine Hintertür offen lässt,
muss im Zweifelsfalle über den Balkon oder durch das Fenster entweichen.

~

Wird einem die Wahrheit gesagt, weiß man immer noch nicht,
ob es die ganze ist.

~

Das kleine Mosaiksteinchen, welches ich hinterlasse,
wird nicht von weitem leuchten, soll eher
als langfristiger Nadelstich wirken.

~

———

Auf seine alten Tage denkt man immer öfters an ihn,
den eigenen jüngsten.

~

Bakterien und Viren – die wahre Krone der Schöpfung:
mit ihnen begann alles Leben, sie gibt es heute noch und sie werden
den Menschen in die Knie zwingen, ihn also überleben.

~

Es gibt Leute, welche ihre Ziele erreichen und feststellen müssen,
dass sich niemand für die Ergebnisse interessiert. Aus ihnen rekrutiert sich
die Avantgarde der Verbitterten.

~

Auf der Plateauphase einer Euphorie korrigieren die Meinungsmacher
die bisherige Marschrichtung des Volkes.

~

Oft verkündete Lügen werden zwar nicht Teil der objektiven Wahrheit,
aber zu einem Stück nie mehr hinterfragten Alltags.

~

So oft kommt einem etwas teuer zu stehen, man muss sich setzen
und kann es immer noch nicht verdauen.

~

Dem Saufkumpan reicht man die Schnapsflasche und nicht das Wasser.

~

Am Eröffnungstag galt im Bordell ein Einführungspreis.

~

Wer akribisch seine zusammengezimmerten Sprüche zählt,
entschließt sich niemals zur Selektion.

~

Das „Wir" erweist sich freilich als bessere Option gegenüber dem „Ich",
doch kann das Wir-Gefühl auch zum Tun einer Sekte gehören.

~

Klugen Argumenten beuge ich mich zu jeder Zeit,
aber nicht generell jeder energisch auftretenden Mehrheit.

~

Auf den Markt kommt, was die Technologie hergibt,
ohne dass Bedeutung erlangt, welche Entwicklung die Menschen
von Herzen gern realisiert haben möchten.

~

Unabhängig von der Jahreszeit
bleibt manch Pflaster das ganze Jahr über gesellschaftlich heiß.

~

Die Gebrauchsanweisungen neuer Gerätschaften
befolgen die Leute freilich, doch niemand vermisst im Text einen Hinweis
auf mögliche Bedenken ethischer, moralischer oder gar ökologischer Natur.

~

Auch der frühe, in der Kreidezeit lebende Vogel
fing gewiss den einen oder anderen prähistorischen Wurm;
alles war tatsächlich schon einmal da.

~

Das Recht auf letzte Worte besteht immer,
allerdings in stets sehr engem Zeitfenster.

~

Man muss mit dem umgehen können,
was man letztlich nie verstehen wird.

~

Niemand vermag alles zu begreifen,
doch muss man Leute kennen, die sich wo auskennen.

~

Eine Abfindung ist stets materieller Natur,
während man sich mit dem abfindet, was ohnehin nicht beeinflussbar ist.

~

Wer sich der Nächstenliebe unsicher ist, sollte bedenken,
dass sich nach altem Spruch im Zweifelsfalle jeder der Nächste ist.

~

Meist möchte doch nur weiter machen wie bisher,
wer die Hoffnung nicht verliert.

~

Alle, die zu leben verstehen, sind Künstler.

~

Ohne die Erfindung von Ketchup
wäre das „Wohin mit all den halb verschimmelten Tomaten?"
völlig unklar .

~

Bevor man sich auf einen Preis einigt,
muss die Währung feststehen.

~

Bewusst lebende Menschen leisten das zwingend Notwendige,
auch ohne die Rede des Präsidenten an die Nation vernommen zu haben.

~

Ein Staat ohne Korruption – das wäre nach derzeitigem Verständnis
wie ein Porno ohne Nackte.

~

Niemand vermag von sich selbst zu sagen,
ob er selbst als Fotograf, Kamera oder Film in Funktion ist.

~

Wer sich grundlegender Ausbildung und allem nachfolgendem Lernen
verweigert, wird nie als gereift gelten.

~

Jegliches und alles ist ergebnisoffen und niemand weiß,
was ihm auf dem Weg zum Ziel – und letztlich sogar dort – erwartet.

~

Das Vokabular einer Sprache ermöglicht leider auch
die spannende Verpackung von Unsinn.

~

Wer sich von seinen Trieben steuern lässt,
wird nie dort auftauchen, wo ihn die anderen brauchen.

~

Eine mächtigere Kraft als die Zeit existiert nicht
(nach kurzem Überlegen möchte ich sie eigentlich doch nicht
als Waffe bezeichnen).

~

Auch nachfolgende Generationen wollen konsumieren,
eben deshalb dürfen wir nicht inflationär ausufernd verschwenden,
tun es aber eben doch.

~

Sollten auch nur ein Prozent der Verschwörungstheorien wahr sein,
ist gar nicht abzuschätzen, auf welch gewaltigem Lügenpotential
das politische Weltgefüge basiert.

~

Dass es ein Morgen gibt – davon kann man mit Sicherheit ausgehen,
eine tragfähige Zukunft jedoch muss weit mehr
als nur ihren Rahmen bieten.

~

Wer Gefühle in Worte zu fassen versteht,
der ist echt gut.

~

In den 1960er Jahren wollten gewisse Leute andere einholen,
ohne diese zu überholen, dabei stand ihnen gar kein Wurmloch
zur Verfügung.

~

Jede große Persönlichkeit ist vertraut mit den Problemen
des gemeinen Volkes.

~

Es bezeichnen sich Leute als alt, die gut und gern noch zwanzig, dreißig
Jahre leben werden. Was wollen sie während dieser Zeit tun?
Wohin ihr Klagen noch steigern?

~

Jeder normale Mensch muss sich weigern,
aus zehn vorgelegten Portionen Unsinn die am ehesten noch vertretbare
zu ermitteln.

~

Die Leute, welche andere leiden sehen wollen,
verstehen es meisterhaft, dabei noch süffisant zu lächeln.

~

William Bryan sagte einmal: „Niemand kann eine Million ehrlich
erwerben!" Das waren noch Zeiten – und Einsichten! Wer spricht denn
heute noch von einer einzelnen schnöden Million?!

~

Es wäre viel zu sagen, zu welchen Entwicklungen, Trends und Situationen
tiefgründig aufklärende Bücher auf dem Markt fehlen,
doch das größere Problem stellt dar, wie man aus Konsumenten
wissbegierige Leser formt.

~

Ein vertretener Standpunkt
lässt nicht nur Rückschlüsse über geistige Potenzen zu,
er sollte als Verpflichtung zum Handeln an bestimmten gesellschaftlichen
Koordinaten geäußert und verstanden werden.

~

Sage die Wahrheit oder lüge, sprich dichterisch aus,
was du zu verkünden hast, oder diplomatisch.

~

Zu allen Zeiten schimpften die Leute auf die Politik
und vertraten im selben Atemzug die Meinung,
früher sei alles besser gewesen.

~

Die Menschen sprechen von Geld
und reden nicht speziell von einer Währung.

~

Eigentlich geht es uns gut in Deutschland, so gut,
dass wir Zeit und Muße finden, zu klagen.

~

Wir dürfen als Fangfrage gelten lassen, wenn ein Autor schlitzäugig
erkundet, ob wir seinen neuen Aphorismenband bereits lasen.

~

Geht ein Dilettant in Rente,
legt er das Werkzeug aus der linken Hand.

~

Zustandsgrößen, welche wir heute in Deutschland als unzureichend beklagen, gehören in vielen Ländern der Welt selbst in 100 Jahren noch immer nicht zum Standard.

~

Altenpfleger (der): ein Beruf mit Zukunft, was nichts anderes heißt, als dass folgende Seniorengenerationen ihr Lebensende auch nur hilflos und senil verbringen.

~

Zuweilen hilft beim Kraftschöpfen, dass man Teile seines Lebens Revue passieren lässt.

~

Während irgendwo Menschen gezeugt werden und andere zur Welt kommen, in Schule oder Fabrik gehen, sterben auch welche – dies alles lautlos und in beständiger Fortsetzung, auf und ab und immer wieder, als gesellschaftlicher Füllstoff großer Zeiträume.

~

Zwischen Wahrheit und Lüge erstreckt sich das exotische Reich der dichterischen Freiheit.

~

Natürlich gibt es sie noch, die denkenden Menschen! Allein schon die vielen, vielen Leute, welche eben gerade ihre Lieblingssoap sahen und mit Ungeduld bereits den Sendetermin der nächsten Folge im Sinn haben.

~

In Frieden und mit besten Absichten kommt man zu anderen, ohne Gewissheit, so auch empfangen und in Folge behandelt zu werden.

~

Das wahre Gesicht eines Menschen zeigt selbst sein Fahndungsfoto nicht.

~

Ganz sicher passe auch ich mit meinen Gedanken, Neigungen und Taten genau ins Feindbild eines anderen, und das, obwohl ich ihm nie ein Selfie schickte.

~

Fast alle Menschen bringen Gedanken zu Papier,
meist auf Einkaufszetteln.

~

Was ist denn ein soziales Netzwerk anderes als ein Treffpunkt von Leuten,
welche sich in der aktuellen, von Szenen geprägten Kulturlandschaft
eingerichtet haben und an echten und vor allem tiefgreifenden
Veränderungen gar nicht interessiert sind?!

~

Der Frieden in den eigenen vier Wänden
kann ohne permanente Allgegenwärtigkeit seines großen globalen Bruders
nie von Bestand sein.

~

Die Offenheit eines Menschen gilt nicht als widerlegt,
nur weil auch er eine geschlossene Tür an seinem Haus hat,
welche gelegentlich auch abgeschlossen ist.

~

Wäre alles noch so gut wie früher,
lebte mancher Lobpreisender schon lange nicht mehr.

~

Multikulti kann freilich funktionieren – als Oberfläche
einer gemeinsamen Gesellschaft.

~

Die fortschreitende multikulturelle Durchmischung
der Bevölkerung Deutschlands lässt jegliche Einigkeit der Menschen
– selbst bezüglich grundlegender Fragen –
in immer weitere Ferne rücken.

~

Zur geistigen Nahrung zählen für viele Leute
natürlich auch die neuesten Gerüchte.

~

Einige Zeitgenossen möchten,
wenn schon nicht mit dem ewigen Leben gesegnet,
so doch wenigstens lebenslang recht haben.

~

———

Geht es um die Karriere, meldet sich prophylaktisch ein Etwas,
das dem guten Gewissen ziemlich ähnlich sieht.

~

Nach Jahresfrist, also viele neue Erfahrungen später,
sollte man sich einen Band Aphorismen erneut zu Gemüte führen!
Die Sichtweise wird mit Sicherheit eine völlig andere sein.

~

Bei einigen Menschen schluckt das Unterbewusstsein
vermutlich sofort jegliche Erfahrungen, sonst würden sie nicht fortlaufend
die gleichen Fehler machen.

~

Jeder macht im Leben so seine Erfahrungen,
meist mit und in Form von Geld.

~

Wohl jeder kennt diese Leute,
welche nach einem Jahr immer noch dieselben sind,
wenn auch sichtlich gealtert (eben viele leere Flaschen später)
und bei Licht betrachtet.

~

Die Wahrsagerin greift niemals zu einem guten Buch,
vermag sie doch aus dem Kaffeesatz genug herauszulesen.

~

Nirgends steht geschrieben, dass der Kaffee türkisch aufgebrüht
und selbst getrunken werden muss, ehe aus seinem Satz gelesen wird.

~

Äußerst merkwürdig,
dass der Kaffee ganz zu Anfang auf der Plantage gleich nach der Ernte
gelesen wird und sich am Ende der Konsumkette
noch einmal jemand am Satz versucht.

~

Mit Zeitarbeit
lässt sich gerade so das Brot für den nächsten Monat verdienen,
die Zeit arbeitet also nicht für die Beschäftigten dieser Branche.

~

Es kann als Glücksschwein gelten,
wer mit seinen praktizierten Machenschaften lebenslang unbehelligt bleibt.

~

Das miteinander Wohnen scheint zunehmend in Vergessenheit zu geraten,
die Reste schwinden zunehmend zu Gunsten eines gegeneinander siedeln.

~

Das permanente Verharren vor Fernseher und PC
darf als Ausdruck niederer Beweggründe gelten.

~

Stille Wasser sind genau so beliebt wie Medium oder Klassik.

~

Meine Texte sollen nicht zum Ausdruck bringen,
dass ich bestrebt bin, nach außen zu tragen, was ich alles richtig mache,
sondern auch und gerade Mittel und Weg sein zu stetiger Verbesserung
in Eigenregie – unter Teilhabe von Publikum.

~

Probleme nach Art der Hürdenläufer überwinden zu wollen,
schafft keinem Betroffenen oder Beteiligten irgendwelche Abhilfe.

~

Jeder will seine Freiheit
ohne gleichzeitige Brüderlichkeit!

~

Muss denn alles einen Sinn haben?
Es reicht doch, wenn es Geld bringt!

~

Wer das große Geld besitzt, kann sich alles leisten,
nur keinen neuen Charakter.

~

Bei den Unverbesserlichen handelt es sich eigentlich
um Unveränderbare.

~

Ein Lügner mit betrügerischen Absichten verkündet Halbwahrheiten
mit nur 32 Prozent realem Informationsgehalt.

~

C. hört einen Spruch, vergisst die Hälfte und erzählt den Rest
als Widerspruch weiter.

~

Damals in der Schule versagte er bei jeder Leistungskontrolle
zum eigenen Nachteil und leistet sich heute Fehler im Amt
zum eigenen Vorteil!

~

Wer sich selbst Sand in die Augen streut, ist klar im Vorteil,
sieht er doch die lästigen Probleme nicht mehr.

~

Gott mit uns und nach uns die Sintflut.

~

Der Sand im Getriebe – älter als jedes Getriebe.

~

Der reine Konsument
bewegt sich als blinder Passagier durch die eigene Lebenszeit.

~

Die Evolution brachte es mit sich,
dass aus dem Neandertaler ein anderer Mensch wurde,
während wir so lange nicht warten können.

~

Zwar spricht man mit vollem Mund nicht, viele tun es aber dennoch,
weil sie der Meinung sind, es könnte bedeutend mehr drin sein.

~

Vorboten gibt es viele,
doch nicht immer verheißen sie ein Gutes.

~

Von allen guten Geistern verlassen,
gibt einer letztlich seinen eigenen Geist auf.

~

Nach Beendigung der Nachtruhe kann die Frau endlich wieder sprechen,
vor allem widersprechen.

~

———

Als Schüler nie Herr seiner Nerven,
stotterte er seinen Kurzvortrag herunter und arbeitet heute als
Seminarleiter, organisiert Kurse, hält Reden. Man wundert sich,
was der Tausch von Schulnoten gegen Banknoten alles bewirken kann.

~

Wo ein Wille ist, das große Geld zu verdienen,
wird auch ein Holzweg durch den Regenwald geschlagen.

~

Kein Wunder, dass dem Handwerk ein goldener Boden zugesprochen wird,
möchte man als Kunde doch nach Empfang der Rechnung
an die Decke gehen.

~

Alle sprechen vom „lieben Geld";
ob es wirklich lieb ist, weiß ich nicht, da selten nur zur Hand.

~

Ein Ende aller Papierkriege würde im Computerzeitalter
den noch vorhandenen Wäldern einen relativen Frieden bringen.

~

Wer sich vergisst,
bleibt immerhin noch Herr seiner schlechten Manieren.

~

Der Mensch kann keine Welt erschaffen,
selbst mit dem Bau eines Flughafens tut er sich mehr als schwer.

~

Die Perlen werden laut Redewendung vor die Säue geworfen,
was kein Zufall sein kann, ist die Sau doch das weibliche Schwein.

~

Mit seinem Redefluss hält der Schwätzer die Leute von der Arbeit ab,
was dem einen oder anderen jedoch durchaus gelegen kommt.

~

Es kann von Glück reden, wer Steine in den Weg gelegt bekommt
und grade zu Hause eine Mauer baut.

~

Es zählt sich zu den Optimisten, wer glaubt, alles wird gut,
da es die anderen schon richten werden.

~

Gibt der Bauhelfer dem Maurer die Klinker fortwährend in die Hand,
hat der die Wand bis kurz vor Mittag hochgezogen.

~

Wäre nie wieder Weihnachten,
würde im Leben von C. kein Licht mehr aufgehen.

~

Früher hatten wir alle Zeit der Welt,
heute nur noch die Welt.

~

Die Diskussion über Huhn oder Ei geht weiter,
dabei weiß jedes Kind, dass das Leben einst im Meer entstand.

~

Man mag es kaum glauben, aber wirklich und tatsächlich
werden auch im Jammertal Kinder geboren.

~

Ist Nachtruhe angesagt, verschließe auch ich erst mal die Augen
vor den Tatsachen.

~

Nach wie vor werden Historiker ausgebildet!
Die Vergangenheit hat also Zukunft.

~

Als tatsächliche reine Wahrheit verkündet,
klingt jeder Sachverhalt viel zu banal.

~

Bei einem Berufsredner fallen zwei linke Hände gar nicht weiter auf.

~

Aphorismen kann man nicht eins zu eins verstehen oder anwenden,
bei vielen geschilderten Situationen handelt es sich lediglich
um Gleichnisse.

~

Potemkinsches Dorf (das): Gebilde, welches für die nächsten 14 Tage
auf dem Zeltplatz entsteht.

~

Beim Treffen der anonymen Alkoholiker
wird Wasser sowohl gepredigt als auch getrunken.

~

Bonnie trug ein Kleid und Clyde eine Pistole.

~

Sicherheitshalber bezeichnen wir alle Theorie als grau,
graust es uns doch vor der Anwendung.

~

Einige kluge Menschen sprechen in aller Bescheidenheit von ihrem Wissen,
andere haben nur ein überaus bescheidenes und wenden es sehr sparsam an.

~

Es vermindert eindeutig jedes Risiko,
wer sich auf nichts einlässt.

~

Finden wir in der Sitzung keine elegante Problemlösung,
kommt uns das teuer zu stehen.

~

Millionen möchte er gern verdienen
und wird beständig nur in Naturalien bezahlt.

~

Deutliche Worte findet man durch Nachdenken,
Suchen erweist sich als weniger hilfreich.

~

Hier ging ich nie auf die Jagd und werde auch in den ewigen Jagdgründen
auf nichts und niemand schießen.

~

Das dicke Ende gehört nicht zum Happy-End.

~

Das Denken sollte niemand als Strafe empfinden.

~

Man spricht vom Denkvermögen,
auch wenn nicht jeder selbstständig zu denken vermag.

~

Das Denkvermögen ist zwar nicht mit Geld aufzuwiegen,
aber dennoch das größte menschliche Vermögen.

~

Einer der sich permanent fürchtet, wird niemals ein Buch schreiben.

~

Recht oder unrecht hat ein Mensch, weit über seinen Tod hinaus.

~

Der Inspiration wegen schaue ich dem Volk aufs Maul
und überlasse den Blick hinein lieber dem Zahnarzt.

~

Die Leute wollen um möglichst viele Probleme wissen,
jedoch nichts zur Lösung eines einzigen beitragen.

~

Aus Fehlern möchte man lernen und scheitert
infolge Anwendung der alten Logik.

~

An uns selbst liegt es, ob wir zukünftig
mit besseren Argumenten arbeiten können oder nicht.

~

Dort, wo man glücklich lebte,
arbeitete man erfolgreich – eine Wechselseitigkeit,
welche anders gar nicht sein kann.

~

Tod (der): das einzige natürliche Massenvernichtungsmittel!

~

Als sich der Urknall ereignete,
beklagte niemand die Überschreitung des zulässigen Lärmpegels.

~

Regelmäßiges Staubwischen im Geiste
nimmt vielen zeitlosen Gedanken die Antiquiertheit.

~

Lasse von einer Verlockung die Finger,
wenn du die Zustandsgrößen der Eckdaten nicht kennst!

~

Lässt sich jemand von seinem gesunden Menschenverstand leiten,
muss nicht selten das Umfeld drunter leiden.

~

Ein Schiff wird kommen – aber der Mann auf der Brücke
wird nicht Noah sein.

~

Die Aktivisten kämpfen verbissen für eine artgerechte Tierhaltung
und verurteilten zu keinem Zeitpunkt postum die Zustände
an Bord von Noahs Arche.

~

Bisher setzte sich das Heute stets und automatisch fort,
wir brauchen also gar keine Zukunft!

~

Zwischen Tür und Angel kann sich niemand gut durchdachte Ziele setzen.

~

Der Winter geht zu Ende,
wenn mildernde Umstände den Schnee schmelzen lassen.

~

Die Herstellung von Weinbrand erfolgt sicher nur,
um dem Volk hochkonzentrierte Wahrheit anbieten zu können.

~

Die Menschen beten für die Erlösung von diesem und jenen,
ob auch die eigene Dummheit mit dabei ist, bleibt ein Rätsel.

~

Restalkohol bezeichnet keineswegs das, was wir gestern stehen ließen,
sondern ist Audruck dessen, was wir zu viel tranken.

~

Weniger ist mehr – logisch:
ob ich nun einhundert Fünf-Euro-Scheine besitze
oder siebzig Zweihundert-Euro-Scheine, das ist schon ein Unterschied!

~

Wie kann einer nur glauben, was er sieht,
wenn er permanent wegschaut.

~

Zum Opium fürs Volk zählen auch bunte Illustrierte, TV-Profile und
Computerspiele.

~

Früher gehörte den Mutigen die Welt,
heute wenigen Superreichen.

~

In den Augen einiger Zeitgenossen sieht man lediglich Kälte
und das Eurozeichen.

~

Menschliche Primzahlen teilen mit niemandem.

~

Es drehen Leute am Rad,
welche es nie hätten erfinden können.

~

Auch zwischen Autoren muss die Chemie nicht unbedingt stimmen:
von dem einem nimmt man zehn Texte wahr und fühlt sich bestätigt in
seinen Ansichten, von einem anderen liest man drei Texte
und bricht verwirrt ab …

~

Normalität sieht anders aus – meist viel schlimmer.

~

Normalität (die): kaufmännische Nichtschwimmer
werden auf riesige Geldströme losgelassen.

~

Der faule Apfel fällt … in die Presse.

~

Der Gesprächsfaden zieht sich heute quer durch Facebook.

~

Am Anfang des Tages war … der klingelnde Wecker.

~

Leuchtende Beispiele sollen uns den Weg zeigen, stattdessen heißt es:
„Guck mal, der da!"

~

Am Ende allen Raubbaus bleibt dem Menschen nur noch
der Paragraphendschungel.

~

Manch einer ist so unentschlossen und arbeitsscheu,
dass er nicht einmal an sich selbst zu arbeiten vermag.

~

Krisen schaffen ohne Waffen – das schaffen die Ideologen!

~

Gewürzt mit einem Schuss an Stilblüten,
wären politische Reden sehr viel interessanter.

~

Hoffendlich bleibt es dabei,
dass mir ausschließlich nachts schwarz vor Augen wird.

~

Ob einer Rückgrad zeigt oder nur die kalte Schulter,
das ist schon ein Unterschied.

~

Der Mensch ist ein Wirbeltier,
also sollte er auch Rückgrad zeigen.

~

Keiner beherrscht alles, aber Respekt dem,
der vieles probiert.

~

Fünf vor zwölf sind alle gedanklich beim Mittagsessen.

~

Sport ist Selbstmord – zumindest in einigen zweifelhaften Disziplinen.

~

Erfahrungen soll man ja eigentlich weitergeben,
doch bleibt mein Geheimnis, wie ich aus vielen, vielen Gedanken
ein Buch forme.

~

Nicht jeder hört gern, Teil der Menschheit zu sein, und stünde lieber
an einem ganz bestimmten von sieben Milliarden Plätzen.

~

Dem Pathologen sind die meisten notorischen Raser bekannt;
alle Wege führen nach Hause.

~

Ich bezahle gern für ein Vergnügen, Hauptsache,
in meiner Seele macht es sich bezahlt.

~

Die ersten Kreaturen des Präkambriums besaßen weder Hand noch Fuß.

~

Was die einen als Unkraut jäten,
ernten die anderen und trocknen es als Tee.

~

Manch Vergleich hinkt ähnlich stark
wie ein Gehbehinderter nach der zehnten Gesundheitsreform.

~

Man muss mal wieder unter andere Leute:
andere Leute, anderes Ideenspektrum.

~

Der Mensch muss sich entscheiden:
protestiert er gegen das 50 km entfernte Atomkraftwerk
oder den Windpark vor seiner Haustür!

~

Gemessen am Gerüchtenachschub,
kann das Volk durchaus als vital gelten.

~

Nur weil etwas aufschreibbar ist,
muss es nicht auch gedruckt werden.

~

Viele Memoiren passen nicht in die Form eines Buches,
ein illustriertes Wurstblatt druckt sie in gedrängter Form.

~

Den Flöhen fehlt jeder Respekt – selbst vor bissigen Hunden.

~

Mancher Nachruf gilt einem Lebenden: „Bring Bier mit!"

~

Wer sich generell vom Schicksal leiten lässt,
misstraut der eigenen Entscheidungsfähigkeit.

~

Erst wenn Katastrophen geschehen sind,
wachen die zuständigen Behörden ein bisschen auf – diesen Zwischen-
zustand gibt es also tatsächlich.

~

Auch wenn er ein phänomenales Gedächtnis hat,
dem Gehörtes nicht zu entrinnen vermag – seinen Taten
sieht man dieses Talent nicht an.

~

Aphorismen in Form einer Frage
sollten wir nicht grundsätzlich und ausschließlich als eine solche verstehen.

~

In Addition der Sekunden schieben sich Ereignisse vorwärts.

~

Die übergroße Menge der Erfahrungswerte steht in keinem Buch
und aus vielerlei Gründen wird das auch so bleiben.

~

Die Sammler als solche sterben niemals aus,
hoffentlich aber jener Zweig, der die Köpfe der Gegner zusammenträgt.

~

Das Erntedankfest beginnt in der Kirche,
damit der Tag nicht mit Besäufnis anfängt.

~

Man beschreibt einen Zustand und meint doch den ganzen Kosmos.

~

Er könnte auf andere zugehen, wenn es sein Ich bloß zuließe.

~
